万物

万物在书中生长

污名陷阱

The Stigma Trap

College-Educated, Experienced, and Long-Term Unemployed

[美]
奥弗·沙龙
Ofer Sharone
著

王瀚
杨子钰
译

中信出版集团 | 北京

图书在版编目（CIP）数据
污名陷阱 /（美）奥弗·沙龙著；王瀚，杨子钰译 .
北京：中信出版社，2025. 9（2026. 1 重印）. -- ISBN 978-7-5217
-7775-8
Ⅰ . C976.1
中国国家版本馆 CIP 数据核字第 2025SW6197 号

污名陷阱
著者：　[美]奥弗·沙龙
译者：　王瀚　杨子钰
出版发行：中信出版集团股份有限公司
（北京市朝阳区东三环北路 27 号嘉铭中心　邮编　100020）
承印者：　河北鹏润印刷有限公司

开本：880mm×1230mm　1/32　印张：10　字数：190 千字
版次：2025 年 9 月第 1 版　印次：2026 年 1 月第 3 次印刷
京权图字：01–2024–4972　书号：ISBN 978–7–5217–7775–8
定价：79.00 元

服务热线：400–600–8099
投稿邮箱：author@citicpub.com

赞　誉

如果说劳动力市场两极化是理解美国社会分化和政治分裂的一把钥匙，高学历和有经验的劳动者的失业则提供了另一种经验，展示美国式优绩主义以及中产阶级生活所面临的多方面挑战。超越美国经验来看，这本书有助于我们认识技术性失业的长期社会影响。人工智能的就业冲击，日益破除传统的优绩主义范式，业已导致结构性就业矛盾的诸种新表现。因此，阅读本书对知己知彼有助益。

蔡　昉　中国社会科学院学部委员

《污名陷阱》一书很值得一读。它虽然通俗易懂，却深刻地揭示了失业人群由于其失业经历在找工作中的艰难困境。他们的失业经历成为其身上不可磨灭的“烙印”，在求职市场中被标识为一群“劣质”求职者，即使他们有高等学历、丰富的工作经验，但只要被烙上这一“烙印”，也会受到招聘者的歧视和冷落，以致陷入失业的“死循环”。而且这种“烙印”给求职者带来的伤害，不仅存在于就业市场，还会蔓延到人际交往中，进而导致其自身能力认知和人生前程的迷茫。

李　实　浙江大学文科资深教授、共享与发展研究院院长

中年失业的沉重，它包含的现实与心理悲剧深度，以及背后的社会操控，在本书中层层深入，一览无遗。让人感动的是，当“35岁现象”已被我们视作常态，却有人这么认真地关注一群年过半百的失业者，并且亲身下场来帮助他们。非虚构写作由此达到了知行合一。

袁　凌　作家

在美国劳动力市场中，那些受过良好教育、拥有丰富工作经验的求职者，为何也会深陷长期失业的泥沼？《污名陷阱》聚焦这群看起来最不该失败的求职者，揭示了“失败者”污名如何在结构性不平等中形成，又如何悄然渗入个体的自我认知，并最终内化为个人的羞耻感。本书不仅是一部关于制度性失业的社会学力作，更是一份对劳动尊严与就业正义的深切呼吁。

严　飞　清华大学社会学系副教授

谨以此书献给我的孩子们——

阿维列夫、以利亚和塔莉娅

目录

第 1 章

The Stigma Trap

污名
和优绩制度神话

拉里在 MIT（麻省理工学院）获得数学博士学位后，便投身于科技行业，工作了 30 年，他最近的一段工作经历是在语音识别领域。然而，时运不济，50 多岁的拉里在经历了一段漫长的失业期后，成为一家百货商店的收银员，领着略高于最低工资线的微薄薪水。

你是否会感到困惑：为何拥有 MIT 高等学位，且有丰富工作经验的拉里，无法在科技领域求得一份工作？

每当我讲述拉里的境遇，大多数听者都会感到困惑不解，他们渴望了解拉里背后不为人知的故事。他们似乎都在寻求某种特殊的解释——为何这样的事情会发生在拉里身上，而不是发生在包括自身在内的大多数人身上？然而，鲜有人问我关于这个故事背后的招聘制度，或普遍存在其中的污名化问题。可正是这些问题，使得这些拥有高学历且工作经验丰富的劳动者最终陷于长期失业的困境，或屈就于薪水微薄的零售业职位。听者向我抛出的问题和那些未被提及的问题，在某种程度上都揭示出，大多数人都无意识地相信优绩制度神话。诚然，我们知晓人们在任何情况下都会遇到不公的优势或劣势待遇，但当我们听到像拉里这样的故事时，仍会惊讶不已。这恰恰暴露了我们深信：只要做“对”的事情，努力学习，考入好大学，找到好工作，就能一帆风顺，而且你的职业生涯不会突然崩塌。虽然这种信念能为我们带来些许安慰，但现实总会大相径庭。即使你把所有的事情都做对、做好，你的职业生涯仍会面临突然崩塌的危险。这样的悲剧已经在数百万美国劳动者身上发生多次了。

在本书中，我们会认识一些受过高等教育的白领，其中不乏拥有 MIT、哈佛大学等顶尖学府的高等学位的人，但他们被高薪工作排斥在外。虽然这种情况并非只发生在受过高等教育的劳动者中，但通过对这类所谓成功人群的关注，我们会发现一个事实：在美国，即便是那些最具优势的劳动者，其职业生涯也充满不确定性。[1]这种不确定性不仅存在于经济层面——长期失业往往意味着原有的生活水平下降，还涉及社会、人际关系和生存本质的层面。对优绩制度深信不疑的另一面，则是对那些失业或降级就业人员的污名化。这种污名化使美国劳动者在经历了长期失业后，要面临的危机远不止个人财务的崩溃，还有他们的亲密关系和自我认同的崩毁。

从经济状况到自我认同，劳动者生活的各个方面都充满了不确定性，虽然这种情况并不仅限于失业者，但在他们身上表现得最为明显。优绩制度神话及其制造的污名陷阱，正是大多数当代美国劳动者充满焦虑的生活的根源。[2]

失业者和污名陷阱

一位具有高学历的劳动者的职业生涯本应四平八稳，为何会突然脱轨呢？虽然本科或更高的学历是进入大多数职业岗位的“敲门砖”，但它并非保住工作的“护身符”。诸多研究显示，受过高等教育的劳动者一旦因各种原因失去工作，便和其他劳动者一样，可能陷入长期失业的泥淖。[3]更为悲哀的是，那些经验丰富、年长的劳动者，实际上更容易被困于长期失业的窘境。[4]

是什么造成了这样的困境呢？这是一种广泛存在却鲜为人知的力量，它渗透到了美国社会的每一个角落。这种力量强大到足以让劳动者过往的教育和职业成就瞬间变得毫无意义。这种力量，即本书探讨的核心——污名。

劳动者一旦失业，无论其受教育水平或过去的职业成就如何，都会被潜在雇主打上污名化的标签。在优绩制度神话的歪曲透视下——错误地假定一个人的职位可以反映其能力——失业会让潜在雇主对你产生怀疑，认为你的工作能力可能存在问题，否则你不会失业。[5]此外，如果因为这些怀疑和污名，或因种族、年龄等其他因素所引发的偏见，抑或只是求职运气不佳，使一名失业者在6个月内未能找到工作而沦为长期失业者，那么这将进一步加剧对该劳动者的污名化。雇主会认为这名劳动者存在严重的问题。[6]

在相关研究中，研究人员向有实际职位空缺的公司投递了伪造简历，以窥雇主对失业者的污名的态度。这些简历显示申请者的技能和资质完全相同，唯一的区别是申请者当前是否失业。研究结果显示，雇主往往不愿意邀请已失业的申请者参加面试，尤其是当申请者超过50岁时，这种倾向更为明显。[7]

本书深刻揭示了对失业求职者的污名化现象并非仅限于雇主群体。任何一个在失业者的生活中与其互动的人，都可能对其进行污名化。无论失业者与前同事交流职业心得，还是向配偶或挚友寻求支持，污名的阴影都可能悄然降临。甚至职业发展导师也会污名化那些他们本应给予帮助的失业者。最终，失业者将污名内化并开始给自己贴上污名的标签。[8] 为了深入了解失业者的心路历程，以及其再就业的重重挑战，同时寻求有效支持长期深陷失业困境的求职者的最佳方式，我们必须深入探究“污名陷阱”。这个陷阱无处不在，它隐藏于失业者生活的方方面面，并通过一系列经历的累积形成了一种恶性循环。随着时间的推移，这种恶性循环使失业者越来越难以挣脱长期失业的枷锁。[9]

为了深度剖析失业者应对日常生活中种种挑战的经历，本书选取了139位长期失业者进行深入访谈，这些受访者大多受过高等教育，拥有丰富的工作经验，而且几乎都已年过五旬。此外，本书还收录了对负责筛选求职简历的招聘人员，以及因人际关系而频繁被联络的在职专业人士的访谈。在本书的附录部分，我详细记述了受访者的身份以及招募与访谈的过程。

虽然本书后续章节探析了高学历劳动者如何陷入长期失业的泥淖，以及此种经历的本质，但他们的遭遇只是美国各层级劳动者所面临的挑战中的一个极端版本。在美国资本主义及其优绩制度神话下，劳动者一旦失业或降级就业，便将永无止境地面临被污名化的风险。而且，这种污名化很少是单纯外化的，其最终会被失业者内化，使他们怀疑自身的价值。

污名化是一种强大且无处不在的力量。社会学家欧文·戈夫曼（Erving Goffman）是研究污名的先驱，他将污名简要地定义为：将某人划分为“异类”、“低劣者”和“有污点者”的结果，并揭示了这种分类是如何影响人们日常互动的。[10]被污名化的经历，本质上是对个人价值的“攻击”，[11]其对个人的影响往往具有累积性。污名之所以具有摧毁其目标群体生活的潜在力量，根源既在于它的普遍性，也在于它的内化性。

令人叹为观止的是，戈夫曼在半个多世纪前对被污名化个体的心路历程的细腻描绘，竟能如此准确地反映出如今失业求职者的境遇。然而，戈夫曼对污名的剖析未能触及一个核心问题：为何某些特质会成为污名的靶心，而其他特质却能幸免？人类在无数方面彼此不同，而这些差异中的大多数都被视而不见或不以为意。[12] 那么，究竟是何种原因，让失业在美国成了如此醒目的差异性标志，以至失业者在其生活中饱受污名之苦？

戈夫曼将污名从其具体情境中抽象出来，而米歇尔·福柯（Michel Foucault）则为我们揭示了失业污名与新自由资本主义制度之间千丝万缕的联系。福柯向我们展示了新自由资本主义市场如何在美国这样的地方，成功作为一种“真言化”制度发挥作用，成为我们衡量一切事物或个体价值的主要制度。[13] 当失业者的境遇被置于新自由资本主义的透视镜下时，市场仿佛得出了他们都是无用之人的结论。[14]

换言之，美国新自由资本主义的核心便是优绩制度神话。[15] 在这个由新自由资本主义主导的社会中，其组织方式倾向于接受不受监管的市场结果，因为它或隐或明地假定市场是公平的，尤其是认为就业市场的成功是个体价值的体现。[16] 上述假设——成功体现价值——的反面，便是对未能在就业市场中取得成功的人的才能、态度或动机的怀疑。[17] 显然，当我们仅凭他人的就业状况或可观察到的职业成就，就对其个人价值做出评判时，优绩制度神话便发挥了影响。

在本书的每一章中，污名都将以不同的方式出现，我将对其及其影响进行剖析。在本书第 2 章中，我们将直接聆听那些审核失业者求职申请的招聘者的声音。这些招聘者在得到匿名保证后，坦诚地分享了雇主对失业者和年长劳动者普遍持有的污名偏见。从他们的讲述中，我们将听到优绩制度神话的响亮声音，看到污名化是如何阻碍失业者和年长劳动者找到工作的。即使这些求职者是从 MIT 或哈佛大学毕业的佼佼者，且拥有数十年的辉煌业绩，也难以跨越因污名而筑起的重重壁垒。

当我向招聘人员询问如何摆脱这一困境时，他们不约而同地提到了“人际关系网”。本书的第 3 章将深入探讨失业求职者在尝试采纳这一建议时，究竟会经历什么。长期失业的求职者在建立人际关系网的过程中，往往会遭遇重重困境。他们所遭遇的污名和优绩制度神话的影响不仅来自招聘者，还来自自己的人际关系网。失业求职者与招聘人员的互动往往通过在线平台或正式面试进行，而通过人际关系网的求职则更加直接且个人化。后者往往会给失业求职者带来痛苦的打击，让他们感觉自己如同乞丐或二手车推销员般不受待见。

接下来，本书的第 4 章将深入剖析长期失业的经历及其附带的污名如何削弱个人的身份认同——这不仅是对我们作为有价值的劳动者的认同，有时甚至是对我们作为合格父母或合法成年人的认同。多重身份的认同危机，以及持续不断的焦虑和步入人生深渊的感觉，将形成一种恶性循环。随着情绪危机的加剧，污名陷阱也变得更加难以逃脱，因为招聘人员会将所有负面情绪的表露都视为不合格的警示标志。换句话说，失业者因失业而被打上污名化的标签，又因其对被污名化感到沮丧而进一步被污名化。

本书的第 5 章剖析了长期失业求职者在更为亲密的关系中所面临的种种境遇。尽管婚姻与友情能够提供关键支持，但其也会受到污名化的侵蚀。于是，亲密关系的纠葛形成了另一个恶性循环：求职者不仅在最需要支持时得不到支持，而且在他们希望亲密关系扮演支撑幸福生活的重要角色时，这些纠葛又会成为他们情绪混乱的另一源头。情绪混乱又进而加剧求职者求职的困难，因为当招聘人员在察觉到他们有一丝不安的气息时，便会对其敬而远之。

那么，有什么办法可以帮助改善这一状况呢？本书的第 6 章探讨了一种以社会学视角为基础的支持模式。在这种模式中，优绩制度神话会受到质疑，个人无法逾越的障碍也被公开承认。这一章将阐述从社会学视角提供的支持将如何推动人们认识到造成失业困境的更大的社会力量。这种认知反过来有助于个人对抗污名化的内化。失业求职者需了解失业并非个人之过，尽管这并不能直接让他们找到工作，但减少自责将有助于提升自己的心理健康和求职韧性。最后，本书的第 7 章将探讨失业求职者采取集体行动挑战污名陷阱的前景和障碍；同时，也将反思从新冠肺炎疫情初期所实施的政策中可汲取的经验教训，并更广泛地讨论失业污名的顽固性及如何挑战它。

本书所描述的失业劳动者可能是我们中的任何一员。在当代美国社会，失业风险如影随形。无论拥有多么卓越的学历和丰富的工作经验，美国劳动者的职业生涯都充满了不确定性，裁员已成为生活的常态。[18] 不过，过去并非总是如此。在二战结束后不久，大型公司的白领尚可期待终生服务于一家公司。彼时，即使是经济衰退期间，白领被裁员也属罕见。但到了 20 世纪 80 年代，工作保障体系开始土崩瓦解。新时代的摇滚明星式的领导者——通用电气 CEO（首席执行官）杰克·韦尔奇，通过定期裁员（无论公司赢利与否）成了华尔街的英雄。美国资本主义自此便"一意孤行"，再未回头。[19] 如今，约有 3/4 的美国劳动者在其职业生涯中会经历失业，[20] 而在近几十年里，陷入长期失业困境的劳动者的比例一直在上升。[21] 在我写下这些文字时，仍有超过 100 万的美国人深陷长期失业的泥潭。然而，对失业的污名化意味着这一群体在很大程度上是被忽视的。污名将失业的挑战个体化，使其成为失业者的个人问题，而非社会问题。在这样的视角下，长期失业问题在媒体上鲜有报道，在政客们竞选时也很少作为议题被提出。

本书旨在将聚光灯对准长期失业劳动者的遭遇，以及美国资本主义核心中具有污名化功能的优绩制度神话。这束强光或许能帮助我们以全新的视角审视污名陷阱的本质，正是这个陷阱困住了与我们并无二致的人。他们是我们的邻居、我们昔日的同事、我们的朋友、我们的伴侣，甚至可能就是我们自己。摒弃污名化的偏见，以全新视角审视这一问题，是激发我们集体想象力，以构建更加公平和富有同情心的社会的关键第一步。

第 2 章

The Stigma Trap

陷阱：
拥有哈佛大学高等学位
且经验丰富的人，
为何长期失业

工作的变动常始于一个寻常日子里的一封不寻常的电子邮件。道格的故事就很典型。道格是一名56岁的信息技术项目经理。某天，他刚到公司不久，就被叫到经理的办公室，他进去后，发现自己的经理和总监都在。“他们让我坐下，然后说：‘感谢你的辛勤工作，但是到此为止了。’他们没再说什么。”就这样，道格对公司22年的辛勤付出，以及他与同事之间建立的深厚情谊，都在那次简短的会话中画上了句号。[1]

这样的结局无疑是令人痛苦的，但大多数人会乐观地寻找下一份工作。[2]我的受访者都拥有丰富且成功的职业经历，他们认为招聘者会重视并认可他们的资历，也相信自己很快就能找到工作。但这种设想往往是不现实的，随着时间的推移，最初的自信会逐渐转变成困惑，最终演变为微妙的自我怀疑。蒂娜是一位将近60岁的出版业从业者，她描述了自己的经历：

“我投递了自认为极其优秀的简历，然后杳无音信。”这种得不到回应的求职际遇常常会让求职者觉得是自己在某些方面出了问题。同样因此而感到沮丧的还有蒂姆，一位50多岁的技术经理，他表达了求职者心中普遍存在的挫败感：

> 最让我无法接受的是，我永远不知道为什么没有得到这份工作。因为他们从不告诉我情况如何，我也就不知道怎么改。就像有一个“黑匣子”，我得不到任何反馈，也不清楚自己哪里做得不好。我一直觉得自己善于与人相处，愿意按照他人的要求去做事。但前提是，我必须知道他们的具体期望是什么。他们基于何种标准对我进行评判呢？只要告诉我，我就会努力去改进。他们不愿意指出我的问题所在，那我怎么知道自己该如何改进呢？

蒂姆的反应突显了众多求职者遇到的求职困境：他们因没有得到具体的反馈而无法调整求职策略，挫败感十足。40多岁、从事金融工作的莎伦也表达了与很多求职者相同的看法，即如果能获得“诚实的答案”，或许就能找到问题的解决办法。她说道：

> 我善于分析问题、解决问题，总能跳出常规思维找到契合的解决方案。但这次情况完全不同，我在求职过程中

几乎得不到任何反馈。没有数据支持，我就无法调整。没有人告诉我为何落选，没有人给我一个可以据此采取行动的明确答复。现在我只能盲目地修改简历，修改领英上的个人资料和目标岗位类型。我每次调整求职策略都靠盲人摸象，完全不知道是在改善现状还是变得更糟。

蒂姆和莎伦的沮丧情绪背后隐含着一种假设：招聘至少在某种程度上是一个基于技能和经验的理性评估过程，它要求应聘者的能力与招聘方的需求相匹配。基于这种假设，当求职者被拒时，他们往往会认为自己在简历或社交媒体个人资料简介上所呈现的技能与招聘方所期望的技能不匹配。从事医疗保健行业办公室管理工作的塔米表达了这样的困惑：

这太难以捉摸了，因为你得不到任何反馈……他们只是太忙而无暇顾及，所以不想告诉你“你缺乏这项技能”或“我们更希望找到有这方面经验的人”。我简直一头雾水，是应该修改简历，还是该更新我的领英个人资料？一切都无从得知。

这种择优录用的假设使一连串的拒绝令人极度困惑和沮丧。蒂娜不明白为什么自己总是被拒绝，尤其是当她觉得自己的能力与已申请的职位十分匹配时。同样，拉里也不明白，为什么他没有被那些“声称需要数学、编程、商业等背景”的公司邀请面试，这些要求明明他都符合。他有些困惑：“我明明符合所有条件，为什么无人问津呢？”

人们普遍认为，招聘主要看的是技能和经验。但真的这么简单吗？作为求职者的桑德拉认为不然。与上文提到的那几位求职者不同，桑德拉曾在大学担任募款主任，她从招聘者的角度了解过招聘工作。根据她的了解，招聘并非只是简单地比较技能和工作经验，更多时候它会受到各种随机因素的影响，比如用人部门经理的个人喜好，或哪份简历恰好排在最前面。她解释说：

> 有时候，我们会选择雇用某个人，只是因为更喜欢他/她。这并不意味着另一位候选人不优秀。可能只是因为前者的笑容更温暖、更合眼缘。这和约会有点像……除此之外，当你面对一大堆简历时，你不可能全部看完，否则会抓狂，你通常只会看前面的25份。而那些没来得及看的500份简历中，说不定也卧虎藏龙。

桑德拉认为，喜欢一个候选人很重要，无论他/她的技能和资历如何。用人部门经理常常将这种选择称为“感觉对了”或“气场相合”，这一点在之前的研究中也已得到充分证实——当招聘者收到的简历数量远超过他们认真评估的能力时，就会出现随机录用的情况。[3]

桑德拉如实地指出了招聘过程中存在的随机性因素。然而，那些我曾采访过的具有丰富工作经验、受教育程度高且资历深的求职者很少收到招聘者的积极回应，还有另外一个关键因素。讽刺的是，这种隐含在求职者的困惑与沮丧反应中的优绩制度预设——招聘应主要基于技能，同样被招聘者奉为圭臬。当用这个标准来评估失业求职者时，尤其是50岁以上的长期失业群体，便会导致系统性的排斥。本章后续将通过招聘者的自述，揭开制造“求职黑洞”的污名化机制与招聘现实。这个黑洞吞噬了大量合格求职者的申请，却不留丝毫痕迹。

招聘者的视角：对失业的污名化

在探寻失业者所陷入的深层次困境时，我与20位招聘专家深入交流了他们审核求职申请的过程。每位招聘者都不约而同地提到了自己每日所承受的巨大压力。琳达感慨道：

> 我非常理解求职者没得到应聘反馈的沮丧心情……但当职位申请数量多到一定程度时，处理起来就会很困难。招聘者不回复并不是针对某个人，只是没那么多时间。

时间紧迫的招聘者需要在众多简历中，筛选出最值得深入研究的那几份。为此，他们不得不依赖一些“捷径”。这些捷径往往是一些显眼的“红色标志”。一旦看到这些标志，招聘者便以此为依据迅速淘汰候选人，而无须进一步考量。[4]这些红色标志构成了筛选求职者的捷径，也让我们看到了污名的力量，它导致失业求职者不经资格审核就自动被拒。

前文提到的具有招聘经验的求职者桑德拉曾讨论了招聘过程中选人的随意性问题，如用人部门经理的个人喜好对选择候选人的影响。但问题远不止于此。污名化指招聘体系对失业者存在系统性偏见，且失业时间越长，这种污名化越明显。我对招聘者的采访揭示了求职申请审核研究结果背后的污名：失业者获得面试的概率明显较低。[5]事实上，一旦一名员工被解雇，招聘者就会在脑海中提出一些问题，比如为什么该员工会被解雇。招聘者塔拉对此现象给出了自己的看法：

> 人们普遍认为，那些失业或被解雇的人并非团队中的佼佼者。潜在的招聘者可能会想，“如果公司真的重视某个员工，就不会轻易让其离职。公司更可能会解雇那些表现不佳的人”。当然，事实并非总是如此。一个公司可以基于各种理由解雇员工。然而，有一种看法认为，被解雇或长时间失业的人通常不是公司想雇用的顶尖人才。但这仅仅是一种偏见。

当美国企业谈及它们对失业者的偏见时，通常会采用更委婉的方式，即表示它们更倾向于“被动求职者”。“被动求职者”是指那些当前已有工作且并未积极寻找新机会的员工，他们是招聘者主动接触的对象。招聘者理查德解释了这种选择倾向背后的原因：“我们更倾向于寻找那些被高薪聘用的被动求职者，他们往往出类拔萃。尽管招揽这类人需要付出更多努力，但最终结果通常比较令人满意。”[6] 另一位招聘者克莱尔也分享了她的观点：

> 许多公司认为，那些不积极寻找工作的候选人通常比那些四处求职的人更优秀，所以被动求职者备受欢迎。它们的逻辑是：“这些人才是最出色的。”有些人对自己的工作很满意，是因为他们的公司待他们很好，所以他们并没有寻找新工作的打算。但另一家公司可能会认为：“我想要这个人，因为他的公司留住了他，一定是很看重他。”有趣的是，这些人可能与那些正在积极求职的人并没有太大区别。但只要提到“这是被动求职者”，招聘者可能就会眼前一亮，如获至宝。这再次突显了人们固有的观念：被动求职者往往被视为更优秀的候选人。

普遍的观念认为被动求职者更优秀，这对失业求职者构成了明显的阻碍，而且近年来这一阻碍可能变得更加难以逾越。

过去10年，随着领英等社交网络平台的兴起，识别被动求职者变得更容易，而且成本也更低。招聘者雷回忆道，在早期，寻找被动求职者需要“花费更多时间”，并且“通常需要与目标人物相识的人来介绍”。但现在，雷只需在领英上轻点几下，就能浏览对手公司所有员工的资料，并给他们发送消息。和其他招聘者一样，雷解释了青睐被动求职者的原因：“我们想雇用那些在职的人。众所周知，如果一个人很优秀的话，就一定会有工作，那些被解雇的人很显然是没有什么价值的。”虽然雷个人认为这种逻辑“很荒谬”，因为他也曾是表现优异的员工，但他所在的整个团队都被裁员了。尽管如此，他还是需要遵循雇主的意愿和思考逻辑。

无论最初是因为招聘者对失业求职者的偏见、对被动求职者的钟爱，还是招聘过程的随机性和求职者的坏运气，一旦求职者在6个月内找不到工作，就会面临新的压倒性的就业障碍。研究表明，具有相同资历和经验的求职者，若失业时间超过6个月，其获得面试邀请的概率要低得多。[7] 我采访过的招聘者轻松地解释了这背后的雇主逻辑。塔拉就这样说道：

> 我认为，如果失业时间超过9个月或1年，就会成为一个大问题。潜在雇主就会想：“也许不仅是你的前雇主不想要你，你一直在找工作，却仍未被录用，是不是你自身有什么问题？”

查德对此也表示赞同："对，6 个月对雇主来说确实是一个重要的节点。那些拔群的候选人通常会在 6~9 个月内被录用。因此，雇主会对长期失业求职者感到担忧，他们会退避三舍，不愿意冒着风险录用这种候选人。"

这种污名的恶劣之处在于，它创造了放大污名的条件。当雇主对失业 6 个月的求职者"退避三舍"时，他们实际上增加了这名求职者失业 9 个月或 1 年的可能性，而这反过来又会导致雇主对此类求职者的评价更为消极。克莱尔说："随着时间的推移，这种看法会变得越来越强烈。人们关注的不仅是你被解雇的事实，还包括'为什么其他人都没有录用你'。在求职者长期失业的情况下，这个问题尤为突出。"查德也表示：

> 当雇主看到候选人上一份工作是在一年前，就会立刻产生疑问。他们开始内在地依赖他人的意见和经验来进行决策。他们会看着这个人想：他都一年没工作了，现在还一直在找。很显然，其他招聘者和用人部门经理已经做出了选择，这个人一定在某些方面有大问题，不适合被雇用，要不然他早在一年前就找到工作了。

除了招聘者对长期失业求职者的污名化，这些求职者还会受自身观念的影响，即他们认为或猜测客户（用人部门经理）会对长期失业求职者产生何种看法。招聘者蕾切尔承认这种循环逻辑对求职者很不公平，并使他们因未被雇用而沦为“不可被雇用的”，但她也无奈地表示：“即便我真的很想帮忙，也无能为力。”听到这一说法，作为访谈者的我一时难以提出后续问题。当我思考这种逻辑是怎样为求职者制造了一个求职绝境时，蕾切尔补充道：“如果我是招聘者，肯定会以个人能力为标准来选人。但我现在所描述的不是我个人的想法，而是就业市场上的普遍看法。”通过将问题归咎于就业市场，蕾切尔试图与那些她认为不公平的结果保持距离。通过将就业市场视为一个“发声”的行动者，我们可以看到就业市场如何被塑造为一个不偏不倚的价值仲裁者，[8]而这一点恰恰掩盖了造成这些市场结果的人为的和污名化的决策过程。

就像蕾切尔和其他许多同意接受我采访的招聘者一样，塔拉对失业求职者的困境深感同情，并认识到污名是如何导致潜在雇主忽视他们的技能和能力的。但她也指出，并非所有招聘同行都有同样的感受。根据她的经验，对失业求职者的普遍污名化源于用人部门经理和招聘者有限的生活经历。他们“没受到过经济衰退的影响，没有丢过工作，更无法体会失业者的艰辛。因此，他们会产生这样的疑问：‘这些人为什么会失业这么久？’”正如我们将在后续章节中看到的，持有这种看法的不仅是用人部门经理和招聘者，长期失业求职者身边的所有人几乎都是如此。

你失业时在做什么

随着时间的推移，求职者越来越意识到并开始忧虑雇主对长期失业者的污名化。对已经求职一年多的塔米而言，“最让我害怕的是，当他们看到你一段时间没有工作，就根本不愿意看你的申请材料”。蒂姆将失业的时长视作“最大的顾虑”，因为“你离开固定职位的时间越长，就会有越多人对你投来怀疑的目光”。鉴于这些合理的担忧，求职中最令人沮丧的经历之一，莫过于被要求解释就业空窗期或空窗期内的经历。但对招聘者而言，询问这段空窗期的经历似乎再自然不过。丹如是说：“我看到你的空窗期，就会好奇你当时在做什么。毕竟你已经两年没工作了。”雷认为求职者如何利用这段空窗期是很重要的。有人选择用一年时间“投身游戏开发”，这段经历使他 / 她与那些一直未能找到工作的求职者截然不同。[9] 但这对招聘者而言理所应当的问题，却暴露了他们对求职者的无知。例如，求职近一年的蒂娜终于获得了一次面试机会，她这样描述当时的情景：“人事专员问：‘哦，那你这段时间都在忙些什么？’我当时真想给她一个耳光。我心想：‘你认为我都在干什么？’人们往往忽略了这样一个事实：找工作本身就是一项艰巨的任务。”

对求职者而言，被问及就业空窗期问题，无疑是最令人沮丧的。因为这明显反映出用人部门经理或招聘者无法理解下述事实：有人花费一整年的时间寻找工作却依然无果，即便这并不意味着他们本身存在问题。已求职两年的道格对此深有感触，他说："回答'你这段时间都在做什么'这样的问题无疑是一大挑战，并且很难解释清楚。他们只会看到：'哦，你上一份工作已经是两年前的事了。那之后你都在忙些什么呢？'"塔米则愤怒地谈到了这一问题背后所隐含的歧视性判断，她这样描述自己的面试经历："第一个问题就是：'那你过去几年都在做什么呢？'我简直不敢相信自己的耳朵。我真想给他一拳，这家伙对实际情况一无所知。"为了获得被聘用的机会，失业的求职者不得不抑制内心的怒火，以清晰、令人信服的方式表明，他们并未虚度光阴，自身也并不存在问题。

讽刺的是，这些在面试中努力控制自己情绪的沮丧求职者，至少幸运地获得了面试机会。在大多数情况下，求职者既得不到面试机会，也无人过问，只是单纯被系统地筛选掉了。招聘者琳达说，招聘者很少花时间去了解求职者空窗期的经历，因为这在他们看来并不重要，"一个失业长达 6 个月的人，与那些近期拥有相关经验且仍在职的人竞争时，很可能会败下阵来。（就像）有能力胜任工作的人与正在做这份工作的人竞争，前者很可能失败"。我进一步询问琳达，如果求职者空窗期的原因是为了在家照顾宝宝，这与其因能力不足而找不到工作是否有区别？她解释说："如果我们开始深入了解求职者的个人情况，结果或许会有所不同。但在大多数情况下，这些求职者甚至不会被招聘者纳入考虑范围。如果已有足够多在职且符合岗位要求的应聘者，那么失业求职者的简历甚至不会被打开。他们不会得到任何交流机会来解释自己为何失业。”最终，问题还是归结于招聘者是否有足够的精力去考虑雇用一名失业者。对此，琳达直言不讳：

> 我并不是说目前在职的人一定比失业者更优秀。但在实际工作中，我们往往没有足够的精力去进行比较。如果一个人已经在工作，且工作表现良好，并与岗位适配，那我为什么要煞费苦心去寻找其他人呢？我们每天都会收到大量的求职申请。面对如此多的信息，为了完成招聘任务，我既没有精力也没有意愿去深入了解那些已失业一段时间的求职者。因此，那些失业一年或更久的人，通常从一开始就不会被我们考虑。我发布一个职位后，收到的申请往往来自全国各地，甚至有许多与我所发布的职位毫不相干的人。失业者往往会被归入根本不会被查看的那一类。我们并不是刻意针对某个人，而是收到的申请数量实在太多，只能迅速筛选出那些具有潜力的简历，并与之展开合作。在这个过程中，那些失业求职者常常从一开始就被我们忽视了。

罗杰附和道：“我们每周都要处理数以百计的求职者简历。因此，招聘者往往会想，‘如果我能找到一个具备同样资格，且在职或者只是近期失业的人'，便会倾向于选择这个人。”于是，那些受过高等教育、资历深、经验丰富的失业求职者，便被草率地与那些琳达口中“与我所发布的职位毫不相干”的求职者归为一类。罗杰描述的雇主对长期失业者的默认拒绝态度，以及琳达谈到的“既没有精力也没有意愿”去看失业者的简历，都突显长期失业求职者所面临的障碍。

然而，更令人讽刺的是，当经济逐渐好转，失业率下降时，那些长期陷入失业困境的人所承受的社会偏见会愈发强烈。克莱尔对此解释道：

> 近年来，随着经济的复苏，对那些失业一年或更长时间的人来说，找工作变得更加困难。公司在查看简历时，往往会质疑：“你失业这么久了，现在经济形势大好，怎么还没找到工作？为什么其他公司在这个时候还不雇用你？”这种偏见再次显现，人们普遍认为失业时间越长，就越容易让人觉得失业者有问题，这份简历不值得一看。仿佛在说：“别人都不想要你。”

罗杰亦持相同观点，他认为若经济未陷入衰退，招聘者往往会推断：“这个人必定存在某些不合适的方面，否则早就找到工作了。”

我采访的招聘者似乎未曾意识到，在我们交谈时，长期失业者已占失业大军的1/3有余——这一比例已达历史峰值。显然，招聘者对整体就业环境的感知，主要基于总体失业率这一单一指标，而它恰恰掩盖了诸如长期失业困境等复杂问题。[10]

时移世易，历经再就业的重重险阻后，原本身居高位的求职者往往不得不调整策略，将求职范围扩大至岗位更多但薪酬较低、职位较低的岗位。然而，他们所面临的下一道障碍，或许是最为残酷的一环，更是对优绩制度莫大的嘲讽。

颠倒的优绩制度：因资历过高而遭拒的求职者

我研究的失业者群体所面临的最具讽刺意味的求职困境，竟源于他们事业上的辉煌成就。这些个体往往在自己的职业生涯中奋斗了数十年，且逐渐攀升至相对较高的职位层级。一旦失业，他们通常首先会寻找与自己过往职位层级相似的工作。然而，随着时间的推移，由于经济压力日益增大，以及对长期失业可能带来的负面影响的担忧，许多求职者开始重新评估自己的职业定位，并考虑扩大求职范围。那些曾在自身领域取得卓越成就，并拥有令人羡慕的职位层级的求职者，如今却面临高层级职位稀缺的困境。苏珊作为一位年近六旬的人力资源问题解决专家，深刻地解释道："你知道吗？这就像一个金字塔，当你在某个领域工作多年，一步步攀升至金字塔的顶端时，你会发现高层级职位寥寥无几。我拥有超过20年的工作经验，寻找与我的经验水平相匹配的工作岗位却异常艰难。”接受低层级职位意味着这类求职者需要放下身段，接受相对较低的薪酬和某种程度上职业层级的降级。然而，在高层级职位稀缺且竞争激烈的现实面前，大多数求职者最终不得不将求职范围扩大至低层级职位，包括那些他们在职业生涯早期所从事的工作。[11]

布赖恩的故事颇具代表性。他最初在一家小公司担任工程师，凭借不懈的努力，到59岁时已晋升至工程总监的职位。然而，工程总监的职位屈指可数，工程师的岗位却不计其数。尽管如此，布赖恩在申请工程师岗位时仍深感不易，他感叹道：“这很难办，因为我已经是‘过来人’了。我已经从工程师一步步晋升为公司的领导者。我曾听过这种说法，雇主寻找的是正在职业上升期的员工，而非已经走下坡路的人。”61岁的米歇尔也有相似的经历。她凭借自己的努力，逐步晋升为某非营利组织的执行主任。如今，她不得不申请相对低一级的协调员职位，可每次都以失败告终。在近期的一次电话面试中，面试官中途突然问道：“你拥有如此丰富的领导管理经验，为何还要选择协调员这个职位呢？”米歇尔尽量让自己的声音显得平静而坚定，答道：“我曾经是一名坐在办公室里制定规则的管理者。但现在，我更渴望与志愿者并肩工作，直接参与项目的管理。那才是我真正向往的生活。”然而，电话面试后，她再也没有收到任何回音。60 岁的内森与米歇尔的遭遇不同，他作为社区教育领域的项目主任，在面试时得到了一个直白的反馈。面试官告诉他，他的简历显得“分量太重”。内森解释道：“这不是指我体重上超重，面试官所说的‘分量太重’另有深意。经过深入交谈，我才明白，原来‘分量太重’暗指资历过高。”

我所采访的招聘者通常会直接拒绝那些工作经验丰富、技能高超的应聘者。他们担心这些应聘者会因重复工作而迅速感到厌倦，一旦有更好的机会便会毫不犹豫地离岗。招聘者雪莉坦言：“哪怕应聘者声称自己‘只想找一份数据录入的工作’，我们还是会担忧。一旦教会他们如何录入数据，他们可能会因为工作的单调乏味而选择离开。”而另一位招聘者威尔玛则从应聘者满足感的角度进行了剖析：

> 我时常听到企业招聘者这样说：“我们不想找那些拥有 20 年工作经验的人。他们资历过高，很可能对这份工作感到厌倦，难以从中获得满足感。”这些企业的招聘者为什么会得出这样的结论？这不过是他们的主观臆测，很多时候，或许正是因为他们听到了用人部门经理说：“我不需要一个有 20~25 年工作经验的人。”

在求职市场中，潜在雇主往往只能猜测应聘者是否会对工作感到满意。即使求职者通过职位申请表达了对该职位的浓厚兴趣，并在求职信中详尽阐述了自己为何如此渴望这份工作，但其丰富的工作经验往往使招聘者对他们做出相反的评估。

值得一提的是，年龄与资历过高的问题密切相关。岁月赋予我们丰富的经验，然而在这个颠倒错乱的招聘世界里，它却成了求职者奋力前行路上的荆棘。招聘者查德直言：

> 假如我在寻找一个只有5年工作经验的人时看到你的照片，发现你年纪较大，那我就会放弃你。我觉得你并不想要我提供的这份工作，你不想与那些只有5年工作经验的年轻人竞争。这份工作不适合你。你丰富的资历在提示我，不要用与你不符的职位来打扰你。你是不会来面试这份工作的。

求职者并不认同查德的观点，他们渴望有机会向查德这样的招聘者证明自己确实对这份工作怀有满腔热忱。然而，年龄与经验给招聘者造成的先入为主的双重预测，则让求职者失去为自己正名的机会。

在本书我所采访的求职者中，几乎所有人都陷入了这极难挣脱的困境，即使是在软件工程和会计等这类对技能要求极高的领域，亦是如此。例如，斯泰茜从软件工程师晋升为管理者，她如此描述资历过高的尴尬处境：“假如我退而求其次，接受一份职级较低的软件工程师工作，人们就会质疑：‘你究竟在干什么？你曾经是高层管理者，现在怎么甘于自降身价？你一旦找到更好的工作就会立刻走人。’”同样，从会计晋升为高级管理者的求职者瑞安，也面临类似的困扰。潜在雇主担心，他一旦遇到更好的工作机会，便会毫不犹豫地跳槽。他是这样说的：

> 如今，会计岗位众多，我不介意从事这份工作。虽然收入会大幅减少，但至少收入稳定。然而，雇主认为，一旦有更适合我的管理职位出现，我定会毫不犹豫地抓住。因此，假如我接受一份低层级的工作，雇主难免会对我有所顾虑，认为如果我遇到更适合的岗位，定会离开。但事实并非如此，我必须让他们相信这一点。

瑞安解释道：与雇主的设想相反，他其实更青睐长期稳定的职位和收入，哪怕这意味着薪资的减少。然而，他并不知道如何反驳雇主对他偏好的误解。盖尔也曾试图向雇主表明自己的求职意向，但无济于事：“有些雇主告诉我，鉴于我之前的薪资水平，他们甚至不会面试我，因为他们觉得我不会对此感兴趣。”而事实上，盖尔对那职位很感兴趣：“其实我愿意接受远低于他们所预期的薪资。请给我一个机会吧！我是真的感兴趣。”然而，求职者几乎从未得到过这样的机会。招聘者威尔玛证实，雇主通常会预设求职者不愿意接受大幅度的降薪。她认为，如果一个人“当下收入 7.5 万美元，而之前收入 10 万美元，那么这个人肯定会离职，去找一份与其经验和薪资水平更匹配的工作”。基于这种假设，雇主往往连求职者的薪资预期都不会询问，就直接预判并拒绝。

史蒂文的故事就很典型。他以高中辅导员的职位开始了自己的职业生涯，50 多岁时，晋升为一所学校的校长。但由于校长职位稀缺，竞争又异常激烈，史蒂文决定转而申请职位相对较多的辅导员工作。然而，他发现这条路走不通：

> 我投递了辅导员的职位，招聘者甚至不会看我一眼。我经常收到一些非正式的反馈，内容大多是：“你身价太高了，这个职位根本不需要你这么高的资历。”然而，他们甚至从未询问过我的意愿。我想我会喜欢辅导员的工作的。我并没有像他们自认为的那样。我也从没觉得辅导员这个职位‘低人一等’，但他们的偏见让我几乎从未得到过面试的机会。

目前尚不清楚如何才能逃脱这个困境。史蒂文认为，他从未获得面试机会的原因是雇主们默认“雇用一个刚毕业的大学生，远比雇用一个有多年经验的人划算得多”。事实上，史蒂文与盖尔和瑞安一样，对薪资并无过高要求。然而，雇主先入为主的拒绝，让他无法获得有效的沟通方式：

> 在求职申请中你自然不愿意直接写：“听好了，我愿意接受很低的工资。”你要传达出自己并非追求高薪，而是寻求合适的职位，这确实不易。我想，许多人看到我的简历上写着15年的学校管理经验，就认为我不会满意这个职位。其实并不是这样，我对这个职位充满期待！但人们总是习惯于做出种种假设。一位前同事曾建议我说：“你要在求职信中写明这一点，要以有效且准确的方式传达你的真实意愿。”于是，我写道，“我渴望重拾初心”，以及“我深知学校预算紧张，愿意就薪资进行协商”。这或许是我能想到的最佳表达了。但这真的很不妥，也真的很让人为难。

詹姆斯也陷入了同样的困境。他曾担任首席软件工程师，此刻却坦言：“为了加入心仪的公司，我不介意接受减薪。”然而，与史蒂文、盖尔一样，詹姆斯也意识到，自己过去的辉煌成就如今竟成了阻碍前行的绊脚石：“我愿意接受的薪资降幅或许远超常人的想象。但问题在于，我无法直截了当地向未来雇主表达这一意愿，因为这种表达往往难以奏效。他们要么不信，要么就会想：‘哦，这家伙肯定能力不行。’”

像詹姆斯这样的求职者，实际上进退维谷。倘若他们寻求薪资水平与自身经验相匹配的工作，便会被贴上“身价昂贵”的标签；若他们选择薪资较低的工作，则会被认为心有不甘，或被视为“失败者”。无论选择哪条路，他们都难免遭到拒绝。

大多数求职者不知如何反驳雇主对自己的这种偏见——认为求职者很快会对工作感到厌倦、不快，一有机会就会离职。这种困惑更让求职者感到无所适从。桑德拉对此表达了典型的困惑与沮丧：

> 自从我担任执行董事一职以来，无论我现在应聘什么职位，人们总是先入为主地认为我“太像领导了”。有一次面试时，面试官对我说，“你真的很懂行”，但她的语气分明不是赞许。那么，我在简历上又该如何表达自己的工作经历呢？难道要写“我其实什么都不懂”吗？

的确，一些职业发展导师建议求职者采取一种近乎荒谬的做法，即像桑德拉那样，淡化自己的资历，甚至从简历中剔除自己的最高学位。然而，对求职者而言，这样的建议往往令人感到不安。例如，布赖恩讲述了自己听从职业发展导师建议后的感受：“我的导师建议我更改过往职位名称，不要写工程总监。我当时就想：‘那确实是我曾经的头衔啊，我在与人建立关系时，怎么能去欺骗别人呢？’”

有些求职者虽然采纳了这些建议，从简历中删除了部分令人瞩目的工作经验和资历，却因此遭遇了新的问题，如简历出现空白期，甚至损害了自己的诚信。年近 50 的神经科学家丹尼尔，在申请比自己过去职级更低的工作时，也不得不做出妥协："我会立刻把博士学位去掉，只保留最基本、最简短的经历。"然而，这样的做法让他感到愤怒与无奈："我觉得这种做法令人羞愧，感觉自己简直是一团糟。我只是想假装自己不是科学家……但我不想在展现真实自我的问题上妥协。这就是我，无论能不能找到工作，我都不会改变。这就是问题所在。"[12] 在本书的第 3 章中，我们将深入探讨人际关系网的重要性，并重新审视丹尼尔所提出的问题——他感觉被迫以一种非真实自我的方式来行事。

在某些领域，如技术行业，短期合同制工作似乎为求职者提供了颇为诱人的临时出路。当招聘短期合同工时，雇主无须担心求职者资历过高，或其可能因厌倦工作而很快离职。然而，合同制工作为求职者带来了另一种困境。招聘专家雪莉解释道："如果一个人一直从事短期合同制工作，那么他们可能不适合做全职工作。因为人们普遍认为，从事短期合同制工作的人可能会频繁跳槽，因此他们并不符合全职工作的要求。"这就使得那些选择从事短期合同制工作的求职者陷入了一个困境，并使他们处于长期求职状态与不稳定的生活状态。[13]

退一步讲，我们可以发现，资历过高这一障碍在一个声称以能力为本的体系中既现实存在又充满了讽刺意味。那些展现个人能力的学历和经验，原本是求职者的骄傲，但不知从何时起，却成了阻碍他们前行的绊脚石。面对这种困境，塔米曾感到无比困惑："我不知道还能说什么了。我一直努力做到最好，简历也堪称完美。难道是它太过出色，反而让雇主对我望而却步？"我不知该如何称呼这样的招聘体系，在这个体系中，求职者所拥有的经验被视为"过于出色"，以至令雇主感到"畏惧"。这肯定不能被称为"优绩制度"。

资历过高与过低的双重困境

为了避开资历过高的陷阱，一些求职者考虑转行，以求在新的领域里，他们的工作经验不会成为求职的阻碍。在某些情况下，转行也是求职者刻意寻找更有趣、更有意义的工作的一种尝试，即使这意味着要从较低职位和较低薪资开始。以托尼娅为例，她在人力资源领域工作了 20 年。高级别的人力资源职位并不常见，当托尼娅申请低级别的人力资源职位时，她被告知资历过高。因此，她决定"转行，从事完全不同的工作——活动策划……我想把爱好变成工作"。然而，当她寻求活动策划的职位时，却因资历不足而碰壁：

我被告知没有入职资格，因为我没有任何活动策划方面的商业经验。所以我陷入了困境。我想从初级职位开始进入这个行业，而且我有其他方面的丰富经验，只是不知道（在新领域）如何成功。我曾参加过一次梦寐以求的工作面试，我非常兴奋，但面试官看我好像看怪物一样。他问我："你怎么了？"我告诉他："我非常适合这里。我做事靠谱，乐意接受任何工作任务。任何事我都不介意。我只需要积攒经验。"但他认为我疯了。

招聘者在面试托尼娅时，并没有看中她在人力资源领域所积累的技能，也没有考虑她这些技能如何应用在活动策划上，尽管这似乎显而易见。相反，他们只注意到她在活动策划方面的经验不足。在审视这一求职障碍时，重要的是要注意到，正如资历过高一样，年龄也成为阻碍。

在与招聘者的交流中，我了解到雇主拒绝年纪较大的转行者的原因。雪莉是这样说的："95% 的情况下，雇主看重的是与职位描述非常匹配的近期经验。"她认为，只有在"极少数情况下，一个长期从事某项工作的人才会被认为适合另一项工作"。同为招聘者的克莱尔在雇主如何看待年纪较大的转行者的问题上，与雪莉持相同的观点：

我时常听到有人说："我真的想尝试一些新事物。"然而，这么做总是充满挑战的，即使如今的就业市场看似繁荣，但公司仍更倾向于寻找那些已经在特定领域具备专业技能的候选人。如果有一份财务工作，公司更希望招到有会计和财务背景的人。如果有人想彻底转换职业，我必须诚实相劝，那是极为困难的……尤其是你已经在一个领域深耕10年、15年甚至20年。

克莱尔多次强调经验丰富的劳动者转行“尤其”困难，这清晰地表明了职业转换的障碍与劳动者年龄之间的紧密联系。当我请克莱尔进一步解释时，她直言不讳：

> 当你拥有多年的工作经验，尤其是当你已不是二三十岁，而是步入四五十岁的年纪，想实现职业转型就会异常艰难。公司对此并不感兴趣，它们更倾向于寻找具备特定领域经验的人选。

求职者常常在某些工作岗位上显得资历过高，而在另一些工作岗位上则明显资历不足。莎伦的遭遇便充分展现了这种荒谬的情况。莎伦原本将裁员视为在金融行业内部转换角色的契机，她渴望从为投资者做会计转为帮助个人客户选择投资项目。为实现这一目标，她投入时间和金钱接受进一步培训，并获得了广受认可的投资管理证书。然而，在获得证书三年后，她仍未在金融行业找到任何相关工作——无论是之前的岗位还是她梦寐以求的新岗位。

> 尽管我持有专业认证，但对方总说“我们需要相关工作经验”，而我没有直接相关的经验。在某些情况下，我完成过与新领域相同的工作任务，只是场景不同。但在他们眼中，那不算真正的经验。他们问的是：“你是否在完全相同的背景下完成过这项任务？”如果答案是‘否”，那你就别想有任何进展了。

投资管理培训不仅未能让莎伦在金融行业内部实现职业转变，更为讽刺的是，回归原来的财务会计领域也变得更加困难。她表示，自己参加的投资管理培训和相关证书在她以前的财务会计同事中“引起了疑虑”，并质疑她对原工作的投入。莎伦如此总结自己的处境：“我的证书关上了通往旧世界的大门，也未能助我踏入新世界。因此，我现在可谓进退两难。”更糟糕的是，由于培训和尝试转行耗费了时间，莎伦现在面临“人们认为我长时间没有工作，肯定哪方面有问题”的偏见。莎伦既不能回头，也无法前进。她曾是哈佛大学的毕业生，在顶级金融企业拥有数十年的工作经验，如今却只能做几乎接近最低工资的零售工作来维持生计。

社交网络与求职策略的桎梏

在求职的道路上，年长的求职者似乎被各种无形的障碍所困，无论是寻求与原职位相似的岗位，还是选择本领域内的低层级职位，抑或是在全新领域勇敢尝试职业转型。更为棘手的是，如今的求职者无法同时探索两条截然不同的工作路径，并寄望于其中一条带来转机。他们必须做出抉择，而这种被迫的求职策略选择正是社交网络技术的产物。

求职者面临的困境在于，他们仅能在社交网络上展示单一的个人求职形象。若该形象着重展示其在过往工作领域的经验，那么他们将难以涉足其他新领域的工作；反之，若将求职焦点转向新的目标领域，则几乎无法再回到原来的领域工作。正如招聘者雪莉所言：

> 求职者的简历与领英的个人资料必须保持高度一致。如果出现差异，将立即引起我们的警觉，这是我们首要审查的关键点。因此，假如你正计划转行，你的领英资料必须反映出这一变化。即使你在另一领域拥有二十载的卓越的工作经历，并为此深感自豪，你也需要放下这些过往的成绩，转而突显新领域的经验。这无疑是一个艰难的转型。

招聘者布赖恩也强调，如果求职者缺乏明确的个人职业定位，则会让招聘者认为其缺乏明确的目标。例如，假如你既拥有工程背景又具备营销经验，且对两者都持积极态度，那"你必须确切地告诉招聘者你想做什么工作。若想从事营销工作，则需全力以赴，百分之百地专注于此。切勿在两个领域间徘徊，看哪个机会先来"。

然而，最终结果是，失业求职者不仅求职策略寥寥可数，而且成功的概率也很渺茫，他们必须在二者中择一而行。基思的境遇就是一个生动的例子。基思原本是一名餐厅的厨师，但渴望更灵活自主，于是他决心转型为自雇的家庭厨师。他在社交平台上精心打造了一份个人简介，并以"家庭厨师"作为醒目标题；在描述过往工作时，他巧妙地突显了相关经历。尽管成为家庭厨师是基思的终极梦想，但鉴于求职之难，他对回归餐厅厨师的岗位仍持开放态度。然而，他当下的社交网络个人简介似乎成了他实现梦想的绊脚石：

> 我宣布自己是一名家庭厨师，就等于断了我重回餐厅工作的后路。有些职位我可以申请并且符合资格 但领英的个人资料关闭了通向这些机会的大门。你可以根据申请的职位来撰写不同的简历，但在领英上，每个人看到的都是同样的个人介绍。

基思无法既在个人主页把自己描述成"家庭厨师"，又有力地表明他致力于在餐厅工作；和其他失业求职者一样，他发现自己陷入了求职策略上的桎梏。[14]

从 MIT 毕业却失业：年龄偏见的阴霾

我们已经了解年龄作为失业求职者隐形绊脚石的巨大影响。在某一领域深耕多年的资深劳动者，往往被认为除该领域最高职位外，从事其他职位都显得资历过高；而对于其不擅长的领域的工作，又显得资历不足。然而，除了这些间接影响，大型研究揭示了一种普遍的、赤裸裸的年龄歧视现象，[15] 这也有助于解释为何年过五旬的求职者——无论其教育背景和技能如何——更容易陷入长期失业的泥淖。[16]

为了探寻雇主基于年龄歧视求职者的原因，我询问了受访的招聘者，希望他们就研究发现对此进行解读。雪莉对此直言不讳："确实，从平均情况来看，年长的求职者确实遭受了歧视。"她坦诚地分享了自己和用人部门经理心中对求职者的刻板印象："年长的求职者可能缺乏与年轻人竞争所需的活力和学习能力。"另一位招聘者塔拉也持相同观点，她解释道，正因如此，"你很少看到招聘广告中要求应聘者具备 15 年工作经验的情况。大多数招聘广告对期望的工作经验年限都有明确的限制，通常不超过 5~8 年"。她稍作停顿，语气中透露出些许不安，“如果应聘者的工作经验年限超过这个范围，就会造成问题”。

当我探究为何拥有丰富的经验反而被视为不利因素时，塔拉解释道：“雇主通常更倾向于寻找具有成长潜力的候选人，而非那些因长期从事某项工作而可能感到厌倦的资深人士。”她进一步补充道：“这也与收入有关。雇主自然不希望支付更高的薪资，这也是一个关键考量。”当我想到曾采访过的那些求职者——他们正是这一假设的被动承受者——我不禁好奇，这一障碍是否也会横亘在那些毕业于 MIT 或哈佛大学，且曾就职于名企的候选人面前。塔拉毫不犹豫地回答：“会。即使你拥有 MIT 或哈佛大学的高级学位，但如果你已有 20 年的工作经验，且年纪较高，还失业，那么求职依然会很艰难，这类人找工作的确会面临更大的困难。”

我所采访的招聘者中无一例外地以极为相似的口吻谈及年龄歧视问题。查德的观点与塔拉、雪莉不谋而合，他几乎用同样的措辞告诉我：“不论学历和资历如何，年纪较大的人在求职过程中确实会遇到更多困难。”查德对这类求职者面临“更多困难”的解释，揭示出雇主对年长劳动者持有各种各样的偏见：

> 雇主经常提及的显而易见的问题是：年长求职者的薪资期望较高，但他们可能已失去了年轻时的那股冲劲与热情，步入职业生涯的黄昏，这不禁让人怀疑，他们究竟还

能为公司效力多久？我们投入时间和精力培养他们，他们却可能突然宣布退休。此外，这类员工可能对出差或高强度工作有抵触，他们或许会因个人生活方式的差异而不愿与同事团建。他们将与那种年轻的、充满活力的、热衷于社区活动的企业文化格格不入。当团队其他成员热衷参加马拉松等活动时，他们可能漠不关心。简言之，他们可能无法融入企业。因此，在雇主眼中，年长求职者身上有诸多负面因素。这是一种核心偏见。

正如查德所说，这种对年龄的“核心偏见”似乎无法被驳斥它的证据所动摇。例如，长期以来的研究已经表明，与雇主通常的担忧相反，年长员工实际上往往比年轻员工留任的时间更长，而且年龄并不能预测其工作表现。[17] 然而，这种对年龄的偏见似乎根深蒂固，难以撼动。

求职者对年龄歧视的影响有深刻体会，这不仅源于他们作为年过五旬的求职者在求职过程中所经历的对比年轻时的有显著差异，还因为他们中有些人曾在招聘方的位置上目睹过这种歧视。乔斯指出，年龄已成为“首要问题”，他身为用人部门经理，对此深有体会。甚至他的妻子在招聘护士时也曾表示：“那个人年纪有点大了。”瑞安也确信，年龄是阻碍求职者获得工作机会的关键因素，因为“在招聘过程中，我们总会问求职者的年龄”。

年长的求职者清楚自己正遭受歧视，却无所适从。以前文中查德提到的“显而易见”的问题为例，他认为年长员工因经验丰富而显得“身价昂贵”。安东尼是一位销售工程师，他设想雇主在浏览他的简历时可能会想：“这位50多岁的求职者经验太丰富了，聘请他恐怕会花费我们太多成本。”那么，如何摆脱这种困境呢？作为招聘者，查德给出了以下建议：

> 求职者需要直接面对“身价昂贵”的质疑，以消除雇主的顾虑。他们可以这样说：“我明白贵公司为这个职位设定了预算。如果我认为自己的薪资要求超出了预算，我不会坐在这里和您交谈，更不会询问这份工作。”求职者需要清晰地传达出自己的薪资期望完全在雇主的预算范围内。

然而，确实存在一个问题：这样的求职者通常没有机会向任何人解释任何事情。他们一般不会坐在任何人面前，除了那台吞噬了他们的求职申请的计算机，因此，按照查德的建议去“直接”应对这种偏见通常是不可能的。正如之前我们在讨论过高资历时所见到的，大多数情况下，年长的求职者在面试前的初筛阶段就已被排除了。原因是他们被视为身价过高，即使他们愿意接受较低的薪水，也无能为力。

同样，年长的求职者也难以消除雇主对他们的能力与精力的疑虑。一位年近60岁的电气工程师汤姆坦言：“我如今已远胜 20 年前，虽年岁渐长，但能力更胜一筹。”然而，他对潜在雇主能否忽视他的年龄心存疑虑。“雇主在评估能力与耐力时，往往带有偏见。”卡罗尔亦有同感：“我不知如何才能使人们相信，我依旧精力充沛。”招聘者查德所建议的要消除“步入职业生涯的黄昏”的刻板印象，其实就是展现出“满腔热情与充沛的活力”。然而，对于那些连面试机会都无法获得的求职者，这一建议难以实现。[18]

一些求职者试图通过隐藏或模糊自己的年龄来避开年龄歧视的陷阱。他们不在简历上写明大学毕业日期，只列出最近 15 年的工作经历来蒙混过关，但这样的策略往往难以奏效，甚至可能适得其反。许多在线求职申请会让人的年龄无处遁形。布鲁斯解释说，许多在线求职申请会“在教育一栏询问你毕业的年份，如果你不填，就无法继续在线申请”。此外，招聘者会对那些试图隐藏自己年龄的求职者表示不满，有时甚至感到愤怒。招聘者埃丽卡对求职者采取这种策略的回应是这样的：

> 年龄较大的求职者试图隐藏自己的年龄，其实是比较困难的。假如他们把所有经历都写下来，年龄就已经昭然若揭了。优秀的招聘者并不愚蠢。有些候选人没有写全所有经历，只写了一些可追溯到 2002 年的内容，然后就没有了。但他们在 2002 年的职位是财务主管。如果一个人在 2002 年是财务主管，那在 1992 年就应已是一名会计。

招聘者并不傻，这样做很容易被识破。

对于求职者试图通过将自己的职位从总监降级为中层职位来应对年龄问题，招聘者克莱尔如此回应："我确实见过这样的做法。然而，一旦我们进行背景调查，发现求职者并未如实呈现自己的职业履历，这种隐瞒和不坦诚就是个问题。求职者必须明白，这是行不通的。我明白这确实是一个两难之境，求职者或许感到左右为难，但无论如何，简历上的职位名称是不能随意更改的。"

另一种两难之境涉及在社交网络上发布的个人照片。鉴于求职者深知招聘者会利用社交媒体平台进行人才搜寻和筛选，同时也了解照片可能产生的影响，因此，他们对是否发布照片格外谨慎。正如玛丽所言，这张照片"无疑为潜在的歧视敞开了一扇大门"。48 岁的科技劳动者杰瑞阐述了自己的担忧：

> 在我们这个行业中，我的年龄和发布在领英上的照片，都可能成为影响求职的因素。试想，雇主为何会选择一个 40 多岁的员工，而不选择一个 20 多岁的年轻人呢？毕竟，年轻员工能为企业带来更为长久的价值。

研究显示，求职者对个人照片在招聘流程中的重要性及其潜在影响的担忧并非空穴来风。招聘者的确会仔细审视这些照片，并将其作为做出雇用决策的重要参考。[19] 然而，求职者却面临巨大的压力，不得不将自己的照片公之于众。他们担心若不发布照片，便会给人留下试图隐瞒什么的印象。[20]

亚历克斯的心声或许能代表众多求职者的感受："在这个时代，发布个人照片似乎成了一种默认的规则。若你未能及时上传，或许会成为他人眼中的异类，甚至会被怀疑在刻意隐瞒些什么。"帕特里夏的观点与之不谋而合："尽管我深知发布照片可能带来的风险，但如果不这样做，又似乎在刻意隐瞒。我陷入了两难的境地。岁月已在我的脸上留下了痕迹，发布照片或许会让我失去竞争优势，但不发同样会招来怀疑。"

求职者所认为的招聘者对求职者不放照片的感受，与招聘者查德所表达的对没有发布个人照片的求职者的不满相吻合。查德无奈地感叹：

> 天哪，快点把照片放上去吧！要面带笑容的那种。这不仅能让人眼前一亮，更能为原本平淡无奇的简历增添几分色彩。我理解年长的求职者对年龄的担忧，但问题在于，没有照片就像在说"不要给我打电话，我不想找工作，不要打扰我"。不提供照片、不提供完整信息，几乎等同于表示你是在含糊其词，而且不够真诚。你需要勇敢地展现自己的全貌，包括你的年龄。事实上，51 岁也可以是你的优势，你应该学会推销自己，而不是试图掩饰或欺骗。

因此，当我看到没有照片的简历时，我的感受往往比看到一张显示求职者年龄较大的照片还要糟糕。

年长的求职者确实左右为难。发布照片可能会引发偏见，但不发布照片又会让招聘者认为他们有所隐瞒或不可信。

逃离陷阱

长期失业的年长求职者，不论其教育背景如何深厚、技能如何精湛、工作经验如何丰富，在求职时都会面临难以逾越的障碍。即使是那些毕业于世界顶尖大学，拥有最佳专业资历的精英人士，也会因雇主对他的污名化和偏见，在求职路上屡屡碰壁。[21] 当求职者因失业的污名和年龄歧视而无法找到与以往工作相当的新工作时，当他们因被认为资历过高而无法屈就低层级职位时，当他们因被认为年龄过大且无转行经验而难以转换职业赛道时，他们该如何寻找出路？当我向招聘者提出这一问题时，对方的回答如出一辙：建立人际关系网。例如，埃丽卡指出，那些有空窗期的求职者"在简历上难以展现竞争力"，而建立人际关系网则是他们唯一的解决之道：

那些仅凭简历难以在求职市场上脱颖而出的求职者必

须付出更多的努力，更加依赖推荐和人际关系网。而建立人际关系网是其中关键的一环。这并不意味着他们必须与能帮助自己的人成为密友。有时候，某些人会通过朋友的朋友，或是更间接的联系，了解到他们的背景和能力，从而为他们提供宝贵的机会，甚至说服用人部门经理为他们量身打造一个职位。

另一位招聘者塔拉也认同借助人际关系网是求职者克服失业和年龄偏大障碍的最佳方式：

> 你进入某家公司的最佳途径就是与目前在那里工作的人建立联系。如果公司内部有人把你的简历递交给用人部门经理，你获得面试的机会就比盲投简历的人大得多。人际关系网和公司内部的人脉是影响求职的重要因素。

在本书的第 3 章，我们将看到失业求职者采纳这一建议后所实际发生的情况。

第 3 章

The Stigma Trap

失业者的社交困境：像乞丐与二手车推销员

失业的求职者背负失业的污名，饱受年龄歧视之苦，同时又陷入资历过高与过低的两难境地。他们的耳边不断回响着这样的建议：人际关系网、人际关系网、人际关系网。

这里提到的“人际关系网”，不过是请求他人帮忙找工作。正如保罗所言：“建立人际关系网意味着尽可能多地与人互动，让大家知道你正在找工作。”[1]这包括联系自己的前同事、校友、朋友和邻居等；找机会去结识新的人——通常是在社交活动和会议上，或通过询问已经认识的人，看他们有没有可推荐的新朋友。[2]

以往关于人际关系网的研究强调其对于获取职位信息的重要性。[3]但在当今时代，这已不再是主要问题。求职者从招聘网站和公司网站上获取职位信息已不再困难。如今，人际关系网最大的价值在于推荐，这会让你在众多求职者中脱颖而出。[4]这对于年龄较大的失业求职者尤为重要，他们希望通过推荐来抵消就业空窗期的负面影响。求职者道格表示："长时间的失业所带来的怀疑，例如'这个人有什么问题'，是我无法逾越的障碍。"他解释说，最有可能克服它的方法是"通过与我认识的人保持联络，同时结识新的人，让他们关注我的价值，忽略我的就业空窗期"。同样，长期失业的卡伦也强调了人际关系对她这样的求职者的重要性："我意识到自己已经失业很久了，如果没有熟人的介绍、推荐或认识雇主的人的引荐，我很难获得面试机会。"[5]

从自己的人际关系网中所获得的推荐，或许是避开雇主污名化的最佳途径。正如我们在本书第 2 章从招聘者那里所了解的，那些失业期较长的求职者所投递的简历，往往很难被认真考虑。但若是经由熟人推荐，可能极大提升简历被雇主留意的机会。然而，尽管建立人际关系网是一种明智的策略，但上述招聘者轻率地建议求职者拓展人际关系网，却忽视了这样一个事实：对失业的求职者而言，建立人际关系网是一个极其折磨人的过程，尤其是它需要求职者面对前文所提及的那无处不在的负能量——污名。

失业的污名不仅根植于雇主的思维之中，更深深渗透于美国社会的每一个角落，包括那些你试图建立人际关系的人。这导致了一系列典型的社交体验，其最终不仅挑战了求职者作为备受尊重的专业人士的身份认同，更是对他们作为独立自主的成年人和道德主体的自我认知构成了威胁。简言之，建立人际关系网往往令人心力交瘁，并引发情感上的波动——有时甚至足以让求职者放弃求职之路。

社交困境不只困扰内向者

对长期失业的求职者来说，建立人际关系网本就充满挑战，这在很大程度上源于污名等根深蒂固的因素。然而，许多求职者并未意识到这一点。在采访中，我时常听到求职者将自己的社交困境归咎于自己内向的性格或其他某些性格特质。比如，53 岁的软件开发者理查德就这样描述自己的困境："我是个内向的人，不善交际应酬。不幸的是，这种性格特质可能成为我求职路上的绊脚石。"汤姆也认为自己的"性格类型"是最大的社交阻碍："对我来说，与陌生人打交道真的非常困难，这简直就像攀登珠穆朗玛峰一样，是我最大的障碍。我不是那种善于对外交际的人。"

诚然，内向的性格确实不利于建立人际关系网，但在我采访的所有求职者中，无论他们的性格如何，都普遍认为建立人际关系网是一项艰巨的任务。这一点在那些自认为善于社交且性格外向的求职者身上体现得尤为明显，他们发觉在失业状态下建立人际关系网对他们来说同样困难重重。事实上，不同性格的求职者在建立关系网方面的经历极为相似。以杰夫为例，他在寻找专业工作的同时，为了生计还开起了网约车：

> 我在开网约车时，最享受的事就是与乘客之间的互动。在五分钟到一小时的车程里，我在车内与乘客进行无数次愉快而有趣的对话。然而，这种社交互动与以求职为目的建立人际关系网截然不同。在后一种情况下，我会感到不自在。我也说不清具体的原因，但的确如此。

当我请杰夫解释其中的差异时，他沉思道："也许是身为潜在雇员让我不自信。"杰夫的这番话颇具启发性。他并不是内向的人，也喜欢与人交流。但建立人际关系网是一种非常特殊的互动形式——当失业者试图与他人建立联系时，这种互动既脆弱又充满压力。因为在这一过程中，失业者不仅要面对来自他人的审视，还要透过失业污名的有色眼镜来审视自己。

要理解失业状态下建立人际关系网的独特挑战，一个方法是将它与在职时建立人际关系网的经历进行比较。史蒂文曾是一位掌有实权的学校校长，他对比了那时与现在作为朝不保夕的求职者在建立人际关系网时的体验：

> 这简直是天壤之别。当你身处高位时，你可以随心所欲地与人握手，亲热地寒暄。但当你失去权力时，这一切

都会显得虚伪做作、意图昭然。这真的很难，非常难。

对杰夫、史蒂文以及许多人来说，挑战并非来自引发社交障碍的性格问题，也不是建立人际关系网本身。相反，挑战在于在失业状态下去建立人际关系网这一特定的行为，长此以往，即使是最擅长交际的人，也会在这一过程中感到很受伤。

校友会的援手：前提是你没有失业

在采访的过程中，我发现“污名化”是影响受访者建立人际关系网体验的关键因素，同时也是他们与招聘者互动的核心障碍。

莎伦已经在金融行业求职超过两年，她深刻体会到，虽然人们通常认为“污名化”和“偏见”主要影响潜在雇主的态度，但实际上，这种“偏见无处不在，渗透生活的方方面面”。这种普遍的污名化现象使得长期失业者及其建立的人际关系网，都面临巨大的挑战。对此，莎伦感慨道：

> 我们常常提到潜在雇主存有偏见。但实际上，工作的每一天，与你打交道的不仅仅是公司或某个组织，而是活生生的人。这些人不仅在这些公司工作，还遍布我们生活

的每一个角落。他们可能是你的邻居，可能是咖啡店店员，也可能是你的熟人，甚至是你的理发师，总之，他们无处不在。

为了更深入地了解失业的污名化如何影响潜在人际关系网中联系人的观念和行为，以及探索失业求职者在建立人际关系网过程中所经历的种种困境，我采访了 15 名来自 MIT 斯隆管理学院的校友，他们均拥有 MBA（工商管理硕士）学位。我之所以选择这个学院的校友作为采访对象，是因为我深知该学院非常注重校友之间的互助合作，且这种文化深入人心。在斯隆管理学院，有一句广为流传的口号："斯隆人帮助斯隆人"。这种文化氛围是由斯隆管理学院精心营造的。和其他精英院校一样，它大力鼓励毕业生充分利用校友关系网，实现相互支持和共同成长。

我首先向该校校友们提出了一个问题：如果他们收到一位拥有 MBA 学位的 MIT 斯隆管理学院校友的联络请求——希望建立联系，他们通常会如何回应。随后，我又询问如果这位校友已经失业一年，他们的回应是否会有所变化。事实上，这是一个相当现实的场景，因为受访的校友们都表示，他们经常会被其他校友出于建立人际关系网的目的而联系，这已经成为他们职业生涯的常态。

不出所料，MIT 斯隆管理学院的校友们普遍表示，他们非常乐意帮助主动联系他们的校友。对于“斯隆人帮助斯隆人”这一口号，大多数人都是认真对待的。马特解释说，他会“很乐意”提供帮助，因为“大家都是斯隆人，这种认同感让我愿意伸出援手”。埃丽卡也表达了类似的看法：“从原则上讲，我倾向于帮助斯隆人，因为他们是我的校友。”

那么，为什么斯隆人会愿意帮助其他斯隆人呢？一个普遍的原因是他们之间存在一种同伴情谊和信任。正如里克所阐述的那样：“首先，我始终认为应该尽可能多地帮助其他校友，因为我对‘斯隆’这个烙印有深厚的感情，希望能够为它的发展贡献力量。”其他校友也纷纷表示，他们在职业生涯的不同阶段也曾接受过类似的帮助，因此现在愿意回馈这份善意。希拉说：“我以前得到了来自校友的很多支持和帮助，所以我觉得自己欠校友们一份人情，或者说我应该通过某种方式来回馈他们。”

然而，当我在所提问题的假设情况中加入一个细节时，校友们原本强烈的帮助意愿几乎消失无踪。同样是 MIT 斯隆管理学院的 MBA 毕业生，有在知名公司工作的经验，但他已经失业一年了。当我提到“失业”这个词时，我可以明显感受到受访校友之前表现出的热情瞬间冷却，取而代之的是怀疑和犹豫。他们用来描述这种怀疑情绪的词汇和表情，竟然与招聘者谈论失业求职者时所用的如出一辙。毕业于如此优秀的学府所带来的光环，以及帮助校友的同伴情谊和愿望，似乎都被失业这一残酷的现实所淹没。之前表示“很乐意”为校友提供帮助的马特，现在却这样表达了他的疑虑：“如果他是一个斯隆人，却失业了一年，那我就不太确定了。我心里总会想，很少有真正优秀的人会被解雇——虽然这可能是一种偏见，但我就是忍不住这样想。”马特意识到他的这种反应可能带有偏见，但他仍然难以摆脱这种念头。他继续解释道：他忍不住想知道对方为什么会处于这样的境地。同样，之前表示因为对方是校友而愿意提供帮助的埃丽卡，现在也改变了她的看法。她略带批评地说：“这确实让人有点失望，你忍不住会想，他是不是有什么地方有问题。”埃丽卡似乎也有些自责，她意识到自己的反应可能过于消极，但她仍然坚持认为：“他们必须给出一个令人信服的理由，解释为什么他们的简历上会有这么长一段空白期。”从马特和埃丽卡的反应中，我们可以看到一个普遍的现象：人们往往会将失业归咎于个人原因，认为失业反映了个人的负面特质。任何认为失业可能是由更大的经济力量造成的，或是污名化所导致的恶性循环的想法，都被这种强调个人因素的叙述所淹没。值得注意的是，马特和埃丽卡的反应完美地反映了本书第 2 章中招聘者所讨论的观点，即失业或被解雇的人都不是顶尖人才。

一些受访校友的回答表明，他们意识到失业可能是由环境造成的，而非个人特质所致，但他们强调，即使他们本人能够理解，其他人也会持怀疑态度。这意味着他们可能需要向别人解释为什么要推荐这个人，因此会犹豫是否提供帮助。这种推理与本书第 2 章中招聘者的说法如出一辙——他们告诉我，即使他们理解失业的空窗期，也会因为用人部门经理可能会提出的问题而犹豫是否推荐失业的候选人。以下是我与萨拉就此问题进行的交流：

萨拉：在推荐他们之前，我会想要深入了解他们的具体情况，并对他们的失业状态有充分的了解，因为我很有可能会被问到这个问题，我需要为我的推荐进行有力的辩护。但是，我并不清楚他们会给我什么样的理由。你对此是怎么想的呢？

我：我认为，他们可能是因为被解雇了，而当前的就业市场形势又相当艰难。他们一直在积极寻找工作，但至今还没有成功。

萨拉：我理解你的观点，但这种解释可能会有些困难，因为现在的就业市场实际上相当不错。所以，在这种环境下，这样的回答反而会引起我的警觉。如果是在 5~6 年前，经济环境不那么乐观的时候，我可能会更容易接受这样的解释。但在当前的经济形势下，这样的说法恐怕难以让人信服。

在采访的时候，媒体经常提及的总体失业率已经回到了大衰退之前相对较低的水平。这可能就是萨拉认为就业市场“相当不错”的原因。然而，萨拉可能并不了解，长期失业率，特别是中年和老年劳动者的长期失业率，实际上正处于历史高位。萨拉也没有意识到老年失业求职者所面临的种种困境，就像之前那些招聘者一样。他们都只是注意到总体失业率并不高，然后用这个事实来解释对长期失业求职者的污名化。

失业者社交时的核心挑战

失业的求职者在建立人际关系网的过程中所面临的核心难题是遭遇来自他人的污名化。莎伦将这样的经历形容为“人们表现得很粗鲁”。她曾有过这样的经历：

> 有一次，我遇到了一位男士，他坐在那里对我进行了一连串的猛烈追问，让我感觉像在接受一场审讯。我忍不住问他：“您到底想搞清楚什么呢？”他直截了当地回答：“嗯，我觉得有些地方说不通，所以我在试图找出你的问题所在。我只是想知道，为什么你有些地方就是让我觉得不对劲。”

由于这次类似审问并被质疑有问题的谈话经历，莎伦在这之后的每一次求职社交中都做好了再次遭遇歧视的准备，同时还要努力避免给人留下太有防备心的印象。她解释说："每次与人交流时，我都会在心里预设一系列可能的反应，并提醒自己要保持警惕，以防对方态度恶劣或说出一些刻薄、冒犯、贬低的话。"然而，她意识到这种防备姿态不仅削弱了她建立真挚交际关系的能力，还让她显得焦虑和虚伪：

> 我觉得人们其实能够敏锐地察觉到这些细节。如果你不知道我心里在想什么，你可能会这样猜想："这个人似乎对自己不太自信，有点做作。她显得有些焦虑，是不是有什么问题？她在隐瞒什么呢？"

尽管莎伦明白自己的防备姿态可能会削弱自己的表现，但她仍然时刻保持警惕，以防受到污名化的伤害。正如她所说："一旦你开始发表贬低性言论，我就得准备转移话题了，因为那个时候，我真的承受不了。"[6]

无论是与熟识的前同事还是与新认识的人建立人际关系网，都可能遭到歧视。通常情况下，人们会首先选择与前同事建立联系，因为他们之间可能还保持着某种情感联系，而且前同事对求职者的能力有直接的了解。相对于结交新人而言，史蒂文解释了与前同事建立联系的优势所在：

新认识的人对我并不了解。和他们交往时，我可以随意吹嘘自己能做什么，而他们无从验证。任何人都可以自吹自擂。所以，对我不熟悉的人，可能只会看到我是一个找不到工作，在那里夸夸其谈，但实际上可能什么都做不了的人。而与我熟识的人则不同，他们知道我的真实能力。

研究表明，求职者的感知是准确的，最有可能帮他们找到工作的人脉资源确实是前同事。[7]

最初，向前同事求助可能相对容易一些，但随着时间的推移，会变得困难。随着失业期的延长，求职者需要不断地向有限的前同事圈子寻求推荐或介绍。在经过多次尝试之后，在某个时刻，这种行为可能会让人感到尴尬。60 岁的科技行业产品经理约瑟夫深有感触地说："一次又一次地请求同样的朋友帮我提交简历，有时真的挺尴尬的。过了一段时间，到了某个时间点，你就会觉得他们可能已经对你失去信心了。但也许这只是我个人的感觉。"约瑟夫不确定他的前同事是否真的对他"失去信心"，从而使得继续求助变得没有意义，还是他们之前只是没有能力提供有效的推荐。金也面临类似的困境，不知道是否该继续向前同事求助，他说：

我知道大家都挺忙的，没有时间去处理我的问题。有时我真的很困惑，不知道应该把这件事情推进到什么程度。

> 我是应该继续跟进呢？还是应该就此放弃？这些人没有回复我的电话，是因为他们真的太忙了，还是因为他们根本不想帮我？我真的不知道该怎么办，下一步应该怎么走。

约瑟夫和金提到的这种不确定性往往推动求职者继续向前同事求助，直到他们自己明显感觉到无法得到帮助为止。因此，与前同事的关系往往以悲剧告终。建立多年的人际关系让求职者对获得支持心存期待，但也因此而容易受到伤害。蒂姆对此解释道：

> 那些曾与我并肩工作的同事，并没给予我任何帮助。这真的让我深感失望，毕竟我们曾经一起度过了11年半的时光。在我需要帮助的时候，他们未能伸出援手。这种失落感对我来说是前所未有的。我不禁想：“这怎么可能？那些曾经与我共事的人，竟然如此冷漠？”这真的让我感到无比痛苦。

那些期待从昔日的同事处得到支持的求职者往往会失望，尤其是当他们与这些同事有着长达数十年的交情时。之前的工作关系越亲密，受到伤害时的脆弱感会越强烈。史蒂文遇到过这样的情况，他向自己悉心指导多年的一名前同事求助，却遭到了拒绝：

在我所有的人际交往中，最让我心痛的就是求助于那名我曾经亲手提拔并悉心指导的前同事，她却对此无动于衷。这真的让我无法接受。我们曾经关系那么好，她知道我当时的处境有多么艰难，她本可以伸出援手，但她没有。这让我感到非常痛苦，就像遭遇了背叛。太糟糕了，这真的是我经历过的最糟糕的事情。

这种失望（甚至背叛）和与日俱增的自我怀疑交织在一起，使求职者在向前同事求助时充满了情感负担。苏珊已经失业一年了。当她想联系以前的同事时，脑海中就会想象对方的想法："她怎么还没找到工作？她是不是有什么问题？"她觉得人们认为失业者是瑕疵品，有缺陷。"他们怎么还没找到工作？"

出于曾经的职位与现在失业状态的对比，与前同事建立人际关系网的经历往往使失业求职者带有一种屈辱感。还记得前文中史蒂文如何解释向了解他能力的前同事求助的关键优势吗？史蒂文在一次停顿和长长的深呼吸之后，接着说："但这会让人感到羞耻。很多我认识很久的人，他们一直把我当作上司或者至少是同行。现在我却要说，'帮帮我吧，我什么都愿意做'。"对史蒂文来说，与前同事保持社交关系的行为本身，就像在宣告自己在职业上的失败："建立人际关系网很残酷。我走出去，与人握手，之前与我有所联系的每个人都习惯于看到我处于受人尊敬的地位。而现在，为了建立人际关系网，我感觉自己像在走出去说，‘嗨，很高兴见到你’，但已经没有人需要我了。”史蒂文感到羞耻的根源，与本书第2章中招聘者以及本章中MIT斯隆管理学院的校友们所持有的未言明的假设相同：你失业是有原因的——你缺乏价值。

羞耻和尴尬的感觉意味着，随着时间的推移，失业求职者越来越不愿意向前同事寻求帮助。以62岁的失业药剂师萨姆为例。在失业两年并承受巨大的经济压力后，萨姆不得不开始领取社会保障金。最近，他参加了一场专业活动，这为他提供了一个绝佳的机会，让他可以与大约50位同行重新建立联系并寻求推荐。但在关键时刻，他退缩了：

> 我和他们聊天时，被问到现在做什么，我就说：“嗯……我基本上决定退休了。”然后有些人就开始说：“恭喜，萨姆！真为你高兴啊。”他们都很高兴，但我在心里想：“是的，我开始领退休金了，但我不介意做兼职或类似的工作。”可我不想在这个时候显得过于急切，我不想听起来太绝望。

尽管同行们齐聚一堂，萨姆却放弃了寻求新工作的推荐机会，而是将自己描绘成自愿退休的形象。通过从失业者到退休者的身份转变，萨姆得以维持自己作为成功人士的形象，但这以牺牲获得必要帮助的可能性为代价。[8]

我们再次看到了污名化陷阱的影响。请前同事推荐可能是找到工作的最有效方式，但失业的污名使获得这种推荐的可能性越来越小，无论这种推荐多么有价值。上述受访求职者的经历，从对缺乏面试回应的困惑，到感受到强烈的背叛或羞耻感，其最终效果都侵蚀了求职者作为受尊重和有价值的专业人士的自我认同，使他们与前同事维系社交关系变得越来越困难。

结识新朋友与建立联系

鉴于前同事资源有限，且与他们联系愈发困难，大多数失业求职者最终会开始与新人建立联系。[9] 在寻求新的人际关系时，求职者通常基于一种假设：推荐不需要建立在先前的工作关系上，一次积极的互动也可能带来推荐的机会。约瑟夫对此解释道："推荐你的人也许并不十分了解你，但他们可能会说，'我在某次活动上刚认识这个人，他好像具备我们正在寻找的某些资质。为什么不让某某深入了解一下呢？'" 鉴于招聘者典型的筛选方式，如本书第 2 章所述，长期失业的求职者成功的机会渺茫，约瑟夫的这种策略似乎颇有道理。即便推荐人对求职者一无所知，这种推荐至少也能让求职者的申请从一大堆冷冰冰的求职申请中脱颖而出，否则它将被充满偏见的标准（如失业时长等）筛选掉。理查德的个人经历让他深切体会到“一面之缘的联系也比毫无联系要好得多”。据他回忆，在职业生涯早期，他曾联系过一个“多年前仅匆匆见过一面”的人，正是这次“一面之缘”的联系为他带来了工作推荐，并“助我找到了一份工作”。理查德从这次经历中领悟到，无论联系的紧密程度如何，“只要认识一个能把我引荐给招聘负责人的人，我的简历就会受到更多的关注，而我获得这份工作的机会也会大大提升”。这种建立人际关系的方式之所以可行，是因为求职者最终只是希望自己的简历能够绕过常规的筛选环节直接投递到用人部门经理手中，而这种简历的传递方式并不需要任何形式的背书或积极推荐。[10]

在努力寻求与新人建立社交关系的过程中，失业求职者会面临一些固有的障碍。首先，从字面上看，他们被排除在工作场所之外。在那里，职业间的人际互动较多，一个人有机会自然而然地展示专业技能。[11] 为了结识新联系人，求职者通常会寻求熟人的介绍，联系校友，参加专业会议或协会网络会议，并主动发起对话。

在主动联系时，求职者会采用不同的策略来建立联系。有些人会尝试寻找自己与人际关系网中的目标人物之间的共同点，并以此作为建立联系的起点。正如约瑟夫所解释的：

> 我一直在努力打破与新朋友的隔阂，专注于寻找我们之间的共同之处。聊什么都行，哪怕是谈论天气或“春天

来了，这是一年中最惬意的季节”。然后，我们可以自然地过渡到活动主题本身，进而建立更进一步的联系。

为了建立联系，求职者通常会努力使对话以对方为中心。金伯莉，一位 50 多岁的求职者，最近从事商业管理工作，她分享道：“我认识到，与人见面时，我们应该多关注对方，而不是谈论自己有多出色，或者自己能做什么。”她最近与一家小公司的总裁边喝咖啡边进行了一次轻松的交谈：“我主要是倾听，他几乎整个过程中都在谈论自己。他说了很多。我离开时心想，‘他其实并不了解我’。”尽管如此，金伯莉最终还是在这家公司获得了一些合同工作。[12] 她的社交策略奏效了，因为：

人们通常都很自我。在求职初期，她曾认为需要展示自己的优秀和成就，但经验告诉她，人们其实更喜欢谈论自己。

除了满足对方的虚荣心，将对话的重点放在对方身上还会带来其他好处。查尔斯是一位 50 多岁的筹款劳动者，他有些缺乏自信。但他发现要时常提醒自己，“在与人交往时，大多数人都喜欢被问及与自身有关的问题，询问对方的情况从某种意义上说是一种巧妙的恭维方式”。这一点对双方的交流很有帮助。于是在向别人提问题时，查尔斯会先问自己：“他们希望告诉我什么？他们想让我了解他们的哪一面？”这样做不仅能让对方因被关注而感到愉悦，还能帮助我们发现彼此之间的共同点："你问的越多，得到的共鸣也就越多，这样你们之间的联系就会更紧密，也更容易找到共同话题。"此外，将注意力放在对方身上，还能巧妙地转移他人对求职者失业状态的关注。比起谈论自己不太自信的专业技能，大多数人更愿意将话题聚焦于对方。[13]

求职者建立人际关系网的另一个常用策略是尽量安排面对面的会面。保罗解释道："我认为与人面对面交流比通过电子邮件或电话联系，更能建立起深厚的关系。"朱莉也有同感，并积极安排面对面的会议，她认为："如果我能坐下来和某人一起喝咖啡，那么谈论天气等相对轻松的话题就会变得很自然，随后其他话题也会自然而然地展开。"[14]

如此看来，求职时的社交活动是否与约会有些相似？事实上，卡伦就明确地将约会策略运用到了她的求职社交活动中：

> 青少年时期，我曾读过一本书，名为《如何俘获少年郎的心以及如何与他相处》（*How to Get a Teenage Boy and What to Do With Him Once You Get Him*）。虽然这书名听起来有些不对劲，但它的核心内容是如何与陌生人展开对话。我在这本书中所学到的方法，运用在我每一次的社交活动中。当你想要与某人交谈时，试着说些不能用简单的"是"或"否"来回答的话题。或者，你可以用一个开场白来打

破沉默，比如，“你看起来……”这种句式，然后填上你想表达的内容，例如“你看起来像这里的常客”。这样的开场白往往能自然地引出更多话题。我还发现，待在活动的入口处是个结识新人的好方式。因为那些刚进来的人往往充满活力和期待，渴望建立新的人际关系网。

对求职者来说，无论采用何种策略来建立人际关系网，他们内心通常都有一个默认的假设，即社交关系能够激发职业上的支持。桑德拉对此有清晰的认识，她这样描述自己的期望：

最近，我分别和两个人约会喝咖啡，他们都说我很讨人喜欢。说实话，我认为这就是事情发展的关键。如果有人喜欢我，他们可能会想，“哦，某人应该知道这个人吧？某人不是有这方面的资源吗”？然后，机会就这样悄然而至了。

我们曾在前文中提到金伯莉是如何把对话的重点始终放在对方身上的。在这里，她更明确地表述了通过培养社交关系来获得推荐的方法：

我始终抱着找工作或建立人际关系网的目的去社交，虽然我不会表现得那么直接。但当我围绕对方展开对话，并询问他们问题时，我确实在为实现我的目标而努力。

无论求职者是否喜欢——实际上，大多数求职者对此并不热衷，策略性地培养社交关系被视为建立人际关系网的必要一环。我曾询问 MIT 斯隆管理学院的校友们是如何应对求职者寻求推荐的。他们给出了明确的回答：求职者接近他们的方式至关重要。他们普遍反感被直接要求提供推荐，或是以任何显得过于功利化的方式接触。相反，校友们更希望求职者能让他们感受到一种真诚的社交意愿。以马特为例，他解释说，如果有人只是单纯地要求与用人部门经理建立联系，这种方式就显得太过功利，对他并无太大吸引力。他更倾向于一种更个性化的交流方式：

当有人说："嘿，马特，我很想和你认识一下，聊聊你们正在做的事情，就随便聊聊。"这样的交流方式更有趣……这有点像约会吧。并不是只要接了你的电话，我就想和你坐下来聊聊。我需要感觉到你是真心想和我交流的。

马特的观点在 MIT 斯隆管理学院的校友中得到了广泛认同。他们中的许多人都用"太功利了"这样的词语来描述那些不受欢迎的接触方式。[15] 葆拉就是一个例子，她说如果有人只是直接问她："你能推荐我吗？"她会觉得这种沟通方式太功利了。相反，她更喜欢有人说："'我只是想了解一下你是怎么一步一步走到今天的'……这才更像一场对话。"她想感觉到所接触的人"已经考虑过这个问题了"。这与求职者的感觉相呼应，即在建立人际关系网时，最好将注意力集中在对方身上。卡尔也表达了类似的看法。他坦言，那些以谈论他为开头的社交请求邮件更容易引起他的注意。他说："人们通常都喜欢听到关于自己的事情。比如，当有人提到我的从军经历时，我就会更有动力去回应。虽然我不想显得太以自我为中心，但我认为人们普遍都喜欢谈论自己。"

尽管策略性地培养社交关系更有助于增加成功的机会，但这种方式也需要付出巨大的个人代价。[16]最终，它会使失业者产生两种典型而又特殊的感受——一面像乞丐一样乞讨机会，一面像二手车推销员一样推销自己。下文中，我们将看到这两种感受在身份认同方面给求职者带来的困扰。

感觉自己像个乞丐

建立人际关系网的策略——尤其将其与约会相提并论——可能会让人误以为这会带来一种轻松愉快的社交体验。然而，实际情况并非如此。失业和建立人际关系网的核心体验，其实是一连串的拒绝和挫败。我们不应将其想象成一场充满刺激的社交冒险，而要在经历无数碰壁后，考虑我们如何与他人交往。

苏珊坦言，建立人际关系网让她感到“五味杂陈”，这是因为她害怕被拒绝，“我总是忍不住想，这个人会怎么看我？”查尔斯对于是否继续拓展关系网犹豫不决，内心充满了自我贬低的疑问：“我对这个人有什么吸引力？我能给这个人带来什么价值？”他进一步解释：这些问题背后隐藏着更深层次的疑惑——“我到底有多少自我价值？我值不值得被尊重？”他的自卑感与失业状态紧密相连，这使他在任何时候都会因一句“你做什么工作？”而感到自卑。他感慨道：“这真的是一个挑战。无论我练习多少次，这始终是一个难以逾越的障碍。”

求职者在描述求职经历时，常有种共同体验：感觉自己像一个乞丐。当求职者在人际交往中，觉得自己无法提供任何有价值的东西时，这种感觉就变得尤为强烈，他们觉得寻求支持的行为像乞讨一样令人难堪。卡伦就曾这样描述自己的感受：“有时候，当我因看不到希望而感到沮丧时，建立人际关系网就变得异常艰难。那种感觉就像我站在那里，手里捧着一个杯子等待施舍。你明白那种感觉吗？”史蒂文也使用了类似的比喻来形容自己在求职过程中的无奈和窘迫：

> 我唯一可能找到工作的方式就是通过人际关系网。尽管我参加了许多专业的会议和活动，但每当我试图与他人

建立联系时，内心总会涌起一种类似乞讨的感觉。我一直都独立、自给自足，通常扮演协调者的角色，但现在不得不开口向别人求助，这让我感到非常艰难。我讨厌“乞讨”这个词，更不会用那种方式去寻求帮助。然而，内心深处，我却觉得自己像在乞讨，担心别人会认为我不值得被帮助。

这种类似乞讨的求职经历与求职者对他人帮助的需求和依赖紧密相连。对卡伦来说，在建立人际关系网的过程中，最让她感到沮丧的是由于经济压力，她“别无选择，只能向他人求助”。她并不喜欢这样，她更愿意自己解决问题，而不是总请求别人的帮助。在说话时，卡伦停顿了一下，带着些许讽刺和惊讶，反思了自己：

我很乐意帮助其他人。按理说我不该讨厌向别人求助，但我确实不喜欢那样做……每次都需要推销自己，这才是最困难的。但如果不这样做，就无法消除经济压力，所以我几乎没得选。

这种矛盾的心态——乐于帮助别人却不愿意接受别人的帮助——在美国这样的文化背景下并不罕见。在这里，经济上的自给自足被视为成年的先决条件。[17] 因此，对长期失业的求职者来说，建立人际关系网的经历不仅是一场艰难的求职之旅，更是一次对于他们作为自给自足的成年人身份的严峻考验。我们将在本书第 4 章进一步探讨这一主题。

感觉自己像个二手车推销员

建立人际关系网之所以困难重重，不仅是因为它挑战着我们展示自我成功与自给自足的欲望，更是因为它要我们进行多层次的策略性掩饰。在每一次的交流中，我们需要隐藏自己的情感纷扰、不自信（那种像乞丐一样的感觉）、最初的交流动机、失业的时长甚至失业的事实，以及经济上的绝望。这些掩饰行为常常让我们感到不真实，而这种不真实感本身又需要我们继续加以掩饰。同时，我们还要时刻担心，一旦被揭穿，将使自己背负污名。

桑德拉打了一个我多次听闻的比方："我有时觉得自己就像个二手车推销员。"乞丐虽然身处困境，但他们的状态是显而易见的。而二手车推销员则不同，他们擅长粉饰太平，假装自己推销的车完美无缺，实则隐藏了内心的疑虑。桑德拉对自己目前的状态并不满意，她坦言："失业后，我很难没有内在的负面情绪。我总会想，'也许我现在没有工作是有原因的'。"然而，尽管她充满自我怀疑，仍要表现出积极的一面，给社交目标群体留下积极印象。她将自己的处境与电影《欢乐音乐妙无穷》（*The Music Man*）中的主角相对照："主角是个销售员，他卖的东西看似华丽，实则不然，我有点像他。人们或许会问，'那华丽的外表下，真的有东西吗'？"

掩饰怀疑、焦虑与绝望

对长期失业者来说，建立人际关系网的一大挑战在于，当自己感到极度缺乏自信时，却仍需展现出自信的一面。即使求职者在此时感觉自己像个乞丐，也必须对外展现出专业的自信。正如理查德所说："你不应该向别人暴露你所有的疑虑和恐惧。"

求职者的困境在于，为了成功建立人际关系网，他们不能流露焦虑情绪，必须展现自信；但他们隐藏真实感受的行为可能使对方觉得其虚伪而阻碍人际关系网的建立。一些失业的求职者认为自己擅长掩饰。例如，金伯莉就表示："我虽然很焦虑，但我应该很擅长伪装。有时我觉得自己像个演员。"然而，像莎伦这样的求职者则担心自己的掩饰并不奏效。莎伦解释了她试图在社交中伪装自己时的内心想法：

> 在那些不了解长期失业困境的人面前，你能透露的内

心感受和真实想法是有限的。你不得不摆出一副开心的面孔，表现得自信满满。然而，你并非总是如此自信，如此快乐。你必须小心翼翼地措辞，并思考如何回答那些问题。那些不了解我内心复杂思绪的人可能会想："她究竟在隐瞒什么呢？"

对任何人来说，对外展现出与自己内心截然不同的情感和想法都是一项巨大的挑战。然而，长期失业的状态使得这一挑战变得尤为艰难。因为那些内心的想法和感受并非一时的情绪起伏，而是长期遭受求职拒绝后累积而成的千斤重担。史蒂文描述了这种困境下的沟通难题：

你努力展现出一个自信、有能力的形象，但内心深处，由于长期面对困境，你的感受却与之截然相反。你会怀疑自己的能力，毕竟没有人愿意雇用你。你会觉得自己不够好。这种失落和困惑不断困扰我，让我不断追问自己："为什么会这样？为什么会这样？为什么会这样？"然后，你从不断自我怀疑的状态，转向试图给社交对象留下好印象，并向他们讲述自己有多么优秀。

这也是污名陷阱的一部分，即试图通过掩饰负面情绪来摆脱污名，这可能会被视为虚假、尴尬或不真实，从而导致这个陷阱的出口被封闭得更严实。[18]

求职者不仅要掩饰自我怀疑，往往还要隐藏内心的绝望。本书中的所有求职者都表示，如果他们展现出真实的绝望程度，就会失去与他人建立有效联系的机会。正如盖尔所说："如果你看起来绝望，人们就会退避三舍。如果我表现得像一个急需工作且感到绝望的人，我认为很多人会为此感到害怕并选择避开我。"

与建立人际关系网的诸多方面一样，不能显得绝望这一共识，与约会有惊人的相似之处。桑德拉在谈论展现求职绝望感的问题时说："有时在求职社交中，我能明显意识到自己对工作的迫切需求。"她停顿了一下，反思道：

> 跟你在约会时遇到的情况一样，当你真的不在乎时，你往往会更容易成功！这比展现出"哦，我太孤独了"这样的状态要成功得多。求职失败的原因与约会失败的原因是一样的。

对求职者来说，隐藏内心的绝望，既是自我呈现的一个问题，也是策略选择上的一个难题：在与他人交往时，应该如何把握展示自信的尺度？在向他人寻求推荐和支持时，一定程度的自信无疑是必要的。然而，如果表现得过于急切，甚至被视作过于强硬，可能会适得其反。例如，莎伦坚信在人际交往中必须自信，但她也承认：“当你表现得坚定自信时，不知怎么的，那种绝望感就会流露出来。”她稍作停顿，以疲惫的口吻继续说道：“因为我真的很绝望，这是无法掩饰的。”

担心无法有效掩饰需要隐藏的情绪，则带来了另一重焦虑。对许多求职者来说，在人际交往中，最令他们感到不适又难以回避的问题便是：“你现在靠什么生活？”对此，理查德早已准备好了一套策略性的答案：“我倾向于说我是一个照顾家庭的全职父亲，而不是直接说我正在找工作却一直找不到。”这虽然是事实，但并非他生活的全部。虽然因育儿而暂时离开职场也会带来一定的社会偏见，但理查德认为，这相较于长期失业所带来的负面评价要轻微得多。然而，即便有了这个精心准备的说辞，理查德仍然担心自己因失业而导致的情感危机会被人察觉。他深知：“虽然人们可能无法确切知道隐藏在背后的真实情况，但他们往往能够感知到你是否真诚。”当然，他深知他人能够洞察他的真情实感，这也让他的焦虑情绪愈发强烈。史蒂文同样觉得自己试图掩饰消极情绪的努力似乎并不奏效。无论他如何努力展现出自信的一面，“人们还是能够轻易察觉到它。感觉那些负面的情绪——内心最深处的感受——正在从毛孔中溢出”。

在这个恶性循环中，失业的求职者不仅要尽力掩饰自己因失业而产生的焦虑，还要应对因担心自己无法有效掩饰这种焦虑而产生的新焦虑。

为寻求工作而掩饰社交动机

除了掩饰焦虑、不自信、绝望，以及情感波动，还要掩饰人际交往的真实目的。失业者参与社交的内在动机通常十分明确：获得工作推荐，或者至少结识能提供推荐的人脉。然而，正如本章前文所述，人们普遍认为直接寻求推荐的效果不佳，还是应专注于拓展社交关系，并表现为出于社交目的本身。回想一下金伯莉之前说过的话，她解释说，虽然她的“内心动机”是寻求推荐，但她也清楚在人际交往中“绝不能表现出这一点”。或者，正如莎伦所想的那样，与她交谈的人可能正在想：“她想对我隐瞒什么呢？”莎伦停顿了一下，摊开双臂，露出无奈的神情说：“好吧，我不想让你知道我真的很需要这份工作，抑或我渴望你给我提供工作机会。”

换句话说，失业求职者认为他们不能直接要求他们最需要的东西：推荐。这已被他们以往的经验所证实。阿伦是一位 50 多岁的商业分析师，他根据自己建立人际关系网的经验解释说：“你不能要求什么，他们会主动提供。”在阿伦看来，那些能让他人主动提供帮助的互动是“微妙”的，需要表现出“你很渴望，但不要给人留下你有所期待的印象”。同样地，保罗告诉我，他会“在闲聊之后问‘你对我的求职有什么建议吗？’这个问题，留给对方足够的空间去发表评论”。他通过这种方式来应对微妙的互动环节。求职者之所以犹豫不决，不愿直接寻求帮助，有时是缘于他们之前的不愉快经历。例如，据萨姆回忆，当他直接请求别人推荐工作时，对方往往会表现得有些尴尬："我意识到不能直接这么做，因为会让人感到不自在。"像萨姆这样的求职者不是在简单地想象或猜想对方的感受。他们所感受到的，正是我在MIT斯隆管理学院采访时，那些受访者所强调的——任何显得过于直接或'太功利"的接近方式都会令人反感。

为了避免显得功利，一些求职者会花大量时间规划每一次社交互动。保罗认为自己擅长掩饰，但这离不开充分的准备工作：

> 我知道我得伪装，而且我觉得自己在这方面做得还不错。尽管我已经失业5年了，但我认为自己还算擅长表现得像一个正常的商界专业人士，不会让人看出我承受的压力。在与他人交往时，我会小心翼翼地隐藏自己的压力。我的应对方法之一是在互动前制定详细的脚本，思考如何与陌生人熟络起来。我通常会花上15~20分钟的时间做准备，在大脑中反复演练可能要说的话，还经常会做些笔记。

汤姆也会提前做功课，决定接近谁及如何接近。但对他来说，这让人际交往的过程变得像跟踪一样：

> 我的意思是，我正在找工作，但又不想让人觉得我就

是个求职者。我不想直接说："我需要一份工作，你那儿有职位空缺吗？"人们不喜欢这样，这会让他们感到唐突。我想展现真诚的兴趣以建立某种纽带。但与此同时，我其实在试图和他们建立联系……这做起来很别扭，一点都不轻松。这几乎就像在做跟踪工作。

当我请汤姆进一步解释"跟踪者"这个比喻时，他指出这是决定把谁定为社交对象的过程。他会研究人们的社交媒体资料："这有点尴尬，感觉像在跟踪别人。很久以前，我尝试过在线约会，你知道的，你在浏览资料时会想，'哦，这个不错，那个不行。'你明白我的意思吧？"这种体验就像一个跟踪者从远处观察他们心仪的对象，等待合适的时机，然后假装自然地接近。"跟踪"这个词揭示了关系的隐秘性和不对称性：一个人为了自己的目的而秘密地跟踪另一个人，并策划如何接近，同时又不想表现出这是经过精心策划的，因为看起来自然的互动往往会收到更好的效果。

身份的挑战

人际交往中所涉及的各种层面的伪装与求职者作为道德实体的身份产生了冲突。求职者通常希望将自己视为真诚待人的诚实之人。[19] 然而，长期失业后必须进行的人际交往将他们推向了一个完全不同且不受欢迎的方向。丹尼尔解释了这对他身份的挑战：

> 我是一个非常开放的人，我爱与人相处，喜欢与人交谈。但我对刻意建立人际关系网感到不舒服。在这个过程中，我需要表现得非常友好，因为我想从对方那里得到一些东西。我不想因为需要一份工作而失去自我，我也不想因为需要寻求帮助就改变自己。我不知道，这让我感到困惑。

为了"得到一些东西"而需要"表现得非常友好"，这种做法是会让人惴惴不安的，因为这违反了未言明的社交行为中的道德规则。在约会的世界里，这可能会被称为"利用别人"——将社交联系作为实现其他目标的手段。令人惊讶的是，在专业工作领域，我们缺乏词汇来描述我们对以社交联系作为实现职业目标的手段的不适感，但即使没有词语来命名它，羞耻感依然存在。[20] 例如，丹尼尔解释道，在尝试与朋友建立关系后，"我最终会感到内心非常痛苦。'我不应该那样做。'这玷污了我们的友谊。因为突然间，我变得像一个邪恶的、绝望的求职者。无论他们与我有多亲近，此时的反应都不会很好"。

和丹尼尔一样，安东尼也喜欢与人交谈。他表示："我完全不介意与新面孔交谈，我感觉很自在。”安东尼以前从事销售工作，他非常喜欢“与人见面，介绍一个全新的产品，并且解释产品的特点”。他说到这里停顿了一下，“建立人际关系网是不一样的”。在工作互动中，互动的基本目的是销售产品，而且这对所有人来说都是明确且透明的。而建立人际关系网之所以不同，是因为其互动的目的是推销自己，获得工作推荐，但这个目的被掩饰了。另外，推销自己还涉及以社交的方式建立联系，即使自己并不觉得存在社交层面的联系。安东尼是这样解释的：

> 人际关系网的关键在于建立联系，通过这些已经建立的联系，别人会为你美言几句，或者把你介绍给合适的公司等……可能我甚至不喜欢在社交场合结交的那个人，不想后续与其有更深的交情。因此，这就是社交场合中我不喜欢的部分——虽然我在这样做，我甚至应该多这么做。但这有点违背我的本性。

正如这些引述所揭示的，丹尼尔和安东尼都在努力避免采用与他们的身份不一致的方式去行事。丹尼尔不想“因为需要一份工作而失去自我”，而安东尼觉得建立人际关系网“违背我的本性”。

失业最残酷的一面，是它迫使求职者以一种挑战自我道德底线的方式行事。[21] 为了有效地建立人际关系网——请记住，这无疑是摆脱失业困境的最可能的途径，求职者必须戴上多重面具以与他人维持关系。如果求职者在与他人的交往中过于直白地表现出交际意图，那么他们就无法有效地建立起人际关系网。因此，谨慎措辞，且隐藏某些观点，是摆脱失业困境的途径，其中还包括以程式化的方式对待他人，即把他人当作可利用的工具。例如，莎伦痛苦地意识到找工作的压力如何改变了她对其他人的看法。她发现自己越来越少地把他们当作普通人来看待，而更多地把他们当作潜在的人际关系网联系人：

> 我开始把与每个人的每次互动都视为商业交易。我在想，这个人能帮我建立人际关系网吗？随着时间的推移，我得到的面试机会越来越少，我开始感到绝望。所以现在不仅仅是见见人那么简单了。说实话，这就像你与人握手时，你却在想："你会把我介绍给其他人吗？你有工作机会可以给我吗？"你不再把对方当作一个普通人来看待。

在支持环境或就业辅导中，很少有人讨论因挑战个体的道德底线而产生的不适，但这种经历最终会导致许多失业求职者减少或停止建立人际关系网。[22] 值得注意的是，在我的受访者中，只有两位受访者认为建立人际关系网与他们的身份认同不相违逆，他俩的观点实际上证明了规则外的情况存在。米奇就是这样一个特例，他解释道：“在我失业后刚开始建立人际关系网时，我可能表现得很虚伪，因为在社交互动之前，我会试图预测，‘他们会希望我成为什么样的人？让我试着成为那样的人’。”然而，在某一时刻，米奇决定停止刻意地展现自己，并将人际交往视为“一个了解他人的过程。所以，我不必用我的背景给他们留下深刻印象”。然而，在米奇的案例及另一个类似案例中，还存在一个关键因素，即他们较少承受经济压力，这使他们有更多时间来建立人际关系网。这两个特例表明，在没有短期功利性目标的情况下，建立人际关系网可能是一种奢侈，其源于经济条件的缓冲，但很少有失业的美国求职者具备这种条件。他们失业的时间越长，拥有这种缓冲的可能性就越小。

社交中的黑洞与挫败感

建立人际关系网有助于找到工作。本书中约有一半的求职者最终找到了符合自己专业的工作，这往往得益于其人际关系网的建立。[23] 但是，即使对那些最终获得成功的人来说，任何一次此类的社交互动都可能因某种形式的拒绝（有时是礼貌而带有歉意的拒绝）而告终，更常见的是根本得不到回应。兰斯描述了这种典型的无回应经历：

我经常抱怨通过计算机系统匿名发送简历的方式。但即使我尝试建立人际关系网，也不得不承认我从认识的人那里得到的待遇没什么两样。最近有两次经历，我认出了在某个我感兴趣的公司里上班的朋友。我联系了他们，刚开始的回应很积极，他们表示“哦，当然，我会尽力帮你，把你推荐给合适的人”，或者类似的话。然而，当我跟进发送简历或继续推进时，却杳无音信。我觉得他们都很忙，所以我又联系了他们，尝试以某种方式提醒他们，但仍没得到任何回应。

正如兰斯的故事中所提到的，其他求职者也谈到了类似情况，即人际关系网内的联系人一开始承诺提供帮助，之后却消失得无影无踪。曾在教会行政部门工作的莫妮卡这样描述：“人们说他们会竭尽所能地帮你……然后你就再也听不到他们的消息了。”这对她有什么影响呢？她答道：“对我来说，建立人际关系网变得越来越难了。”

随着时间的推移，当一个人耗尽了自己对外社交的热情与内心的韧劲时，建立人际关系网确实会变得越来越难。尽管困难重重，但那些失业求职者仍坚持这样做，因为这依旧是通往职业工作的最佳途径。然而，感觉自己像乞丐或二手车推销员的屈辱感、个人身份认同受到挑战的挫败感、主动申请却得不到回应的无力感，都会导致求职者减少人际交往，甚至完全放弃尝试。德博拉是一位60岁出头的技术作家，她解释了自己停止建立人际关系网的原因："我觉得我没有足够的勇气和自尊去向朋友或熟人寻求帮助，抑或通过他们拓展人脉。"

* * *

失业时建立人际关系网的尝试是令人沮丧的。对失业的求职者，以及有工作却处于低层级和高不确定性职位的其他人来说，建立人际关系网带来的互动可能会直接打击身份认同的核心基础。他们开始感觉自己像个乞丐，或道德上备受质疑的二手车推销员，原有的自给自足与正直坦荡正渐行渐远。

失业——或者更普遍地说，从事极其不稳定的工作——意味着无论个人付出多大的代价，无论多么疲惫和沮丧，人际交往的工具化会越来越被视为生存的必要条件。工作的不稳定可能有效地将个人的社交圈转化为人际关系安全网。你遇见的每个人，包括你已经认识的人，都可能具有潜在的工具价值。然而，考虑到心理成本，这个"安全网"却不能保证在你跌落时接住你。

伪装并不是人际交往中特有的现象，但它一直是人际交往中重要的方面。例如，在失业求职者自己提出的类比中，二手车推销员在推销质量堪忧的汽车时，可能确实会掩饰他们的矛盾心情，只强调汽车的优点。但对于二手车经销商，买卖关系的性质没有模糊之处，参与双方都明白交往是出于工具性动机。相比之下，本章讨论的社交互动不仅包括对自我消极情绪的掩饰——这是一项棘手的任务，还包括将工具性驱动的行为掩饰为社交动机。

通过展示失业者在建立人际关系网时所遇到的难处及其缘由——主要是因为求职者所处的不确定地位，而非特定的个性特征、缺乏意愿或缺乏努力，我希望能够反驳一些劳动者和职业发展导师所固有的观点：如果求职者愿意走出去建立人际关系网，那么他们将更容易逃离失业陷阱。事实上，这个困境难以逃脱，正是因为失业污名无处不在。我们已经看到这种污名如何在招聘者和人际关系中显现，但它远不止于此。正如本书第 4 章和第 5 章将要展示的，这种污名也会出现在我们的内心及我们最亲密的关系中。

第 4 章

The Stigma Trap

内化的
污名

污名，就像无处不在的空气，无形却难以逃脱，我们时刻都在呼吸它。我们曾在招聘者谈论失业求职者的言语中听到它，也曾在求职者的人际关系网中看到它悄然浮现。求职者深知这种污名的危害，他们努力不去内化这些负面标签，但最终还是难以避免。当失业求职者谈及自己因失业而感到羞愧，以及他们的身份认同感如何被削弱时，我们能从中深刻感受到这种内化的污名所带来的影响。

在本章中，我们将深入探讨失业及相关污名如何对个体身份构成多方面的冲击。这不仅包括前几章中讨论过的在就业市场中与雇主和联系人之间令人沮丧的互动，还包括伴随着失业而日益加剧的财务危机所带来的种种挑战。失业者不仅要面对找工作的困难，还要应对供养子女、维系家庭及原有生活方式等方面的压力。

更糟糕的是，内化的污名会使求职者进一步陷入失业的泥潭。求职者因失业的羞耻感和身份认同感的丧失而难以积极寻找工作。而且在招聘者眼中，一旦求职者稍微流露出负面情绪或稍显不够自信，便会被排除在考虑之外。

如此这般，污名陷阱就形成了一个恶性循环。失业求职者被排斥和污名化，而这种排斥和污名化又进一步加重了他们的负面情绪。进而，这些负面情绪会成为他们被进一步排斥和污名化的理由。由此，失业求职者因莫须有的罪名受到惩罚，又因对这种惩罚的不满而再次受到惩罚。

失真的镜子：身份认同、羞耻感与内化的污名

失业往往会逐渐削弱求职者作为一名有能力、有价值的劳动者的自我认同。失去职业身份并非失业后顺理成章且不可避免的结果。[1] 身份是在社会中建构和解构的。在社会学中，身份被理解为我们想象他人如何看待我们的产物，这产生了一个“镜中我”。[2] 在失业背景下，求职者在一面失真的镜子中看到了自己的映像。失真的镜子在嘉年华上或许能带来乐趣，但对于失业求职者，这面镜子只能带来深重且无处不在的污名影响，使自己显得不堪。

正如我们已经看到的那样，这种污名在招聘者和同事关系

网的反应中随处可见；我们将在本书的第 5 章看到，污名在求职者与亲友的互动中也同样存在。污名的普遍性导致许多失业求职者形成了扭曲的自我印象，认为自己“有问题”。例如，50 多岁的制造业工程师克雷格是这样说的：

> 不工作会让你贬值。有人说你的身份认同与你所从事的工作密切相关。不可否认，在某种程度上是这样的。当你工作时，人们知道你有想法，能解决问题。这确实表明你是一个具备特定技能的人。而当你不再从事这些工作时，人们就会用异样的眼光看待你，好像你有什么问题似的。

莎伦的描述与克雷格的相似，她还揭示了从各方投射回来的失真形象如何悄然侵入内心并影响个人的自我认知：

> 大多数长期失业者面临的问题是：因为我们没有工作，所以有一种观念认为我们自身存在问题。我认为这的确会影响自信心和自我认知。

芭芭拉的故事说明了污名是如何塑造一个人的自我认知的。芭芭拉曾是一位非常成功的销售主管，已经工作了 20 多年。然而，在她失业两年后，她表示自己正像招聘者和人际关系网中的联系人一样，用怀疑的眼光看待自己：

> 尽管我认为自己擅长销售，但我还没有把自己推销出去。我自责不已。工作是我们所有人衡量自身价值的重要标准。在某种程度上，我们通过所做的事情而非自身能力来定义自己。目前，我失去了自我认同的基础，感觉又回到了高中和大学时期，试图再次寻找自我。

芭芭拉在无法推销自己的情况下，难以维持自己作为成功销售人士的专业身份，这在大多数失业者中是很常见的，他们最终会在不同程度上内化这种无处不在的污名化观点，并将自己找不到工作的情况解释为职业价值可疑的标志。正如丹尼尔直言，随着找工作的时间越来越长，“你的脑海中会涌现出这样的想法：你显然没有自己想象中的那么优秀”。[3]

失业的求职者深知扭曲的自我形象内化的风险，他们努力抵抗这种倾向，以积极维持原有的自我认知。以德里克为例，这位50多岁的销售经理如此描述自己的感受：

> 失业真的让人感到尊严尽失。是啊，关于自我形象，那是当然。无论是处于社会的底层还是顶层，你都在做一些事情。突然间，当这一切都不复存在，人们便会觉得自己一无是处。我们知道事实并非如此，也知道自己有很多价值可以贡献，但这个世界并不这么看我们。

德里克的这番话揭示了他内心的挣扎。一方面，他知道自己有足够的能力，但另一方面，他因感受到世界的冷漠而认为自己毫无用处。

鲁比，这位50岁出头、拥有博士学位的科学家，同样经历了失业的打击。她失去了实验室的工作。但她选择以更宏观（结构性或全球性）的视角来面对失业，并通过自己的付出与努力，不将其压力内化：

> 我尽量不将失业视为个人的失败。我不认为丢了工作是因为我不够优秀或没有人需要我。我不愿意陷入这样的自我否定，因为这只会让我陷入困境。相反，我更愿意将失业看作一个结构性甚至全球性的问题。我只是这个问题中的一部分，而非唯一的受害者。比如，现在确实没有多少终身教职的岗位，出于经济成本方面的考量，许多机构都在减少全职教师的数量。所以，并不是我找不到工作，而是这样的岗位本身就很少。

像鲁比和德里克所经历的内心挣扎，往往会以失败告终，尤其是在孤立无援的时候。即使求职者在理智上明白他们所遭遇的困境是由外在因素所致，并非是对自己职业价值的否定，但他们仍会有挫败感。在他们了解大环境的情况下，这种感受依然具有强大的影响力。克里斯托弗对此深有感触："我总觉得这是我的错。但理智上我知道，这并不是我的错。我前公司现在经营困难，一直在裁员。尽管如此，我还是会想，如果我能以某种方式把工作做得更好，或许就不会被裁了。”史蒂文也有类似的体验，他说：“我知道找工作难是现实问题所致，这很合乎逻辑。但情感上，我会觉得是自己不够优秀，所以才找不到工作。我总在想，如果我能在自己的工作领域里表现得更出色，现在应该就能被聘用了。”[4]

求职者努力保持对现实处境的结构性理解，并试图抵挡将困境内化的冲动，但这些努力往往只能带来短暂的安慰。罗纳德拥有经济学和公共政策背景，他深刻描述了这种“内心斗争”的残酷性：

> 没过多久，我就开始贬低自己，内心在不断斗争，总觉得自己“有问题”。我试图安慰自己：“好吧，我没自己想象得那么优秀。”这更像一种本能反应。但我还有点才智，又受过教育，我能够理性地去思考：“没错，经济确实发生了一些实实在在、翻天覆地的变化。我父亲那个时代的职场环境是一份工作一干就是40年，只有一个雇主，但现在对大多数人来说这已经不存在了。”这些我都明白，我可以从理性的角度去分析。然而，在这种自我认知下，看着这几年发生的事情，我的内心依旧很挣扎。一边是我内心的感受——“唉，我有问题”；另一边是我的

理智在试图反驳："不，问题不在你身上。看看现在的大形势吧。"有时理智会占据上风，我会告诉自己："对，问题不在我。"但有时情感会战胜理智，我会变得非常沮丧，甚至怀疑自己是否还能再找到工作。

令人惊讶的是，即使像罗纳德这样研究过影响自己职业生涯的经济和政策变化，且能够理性地分析自己所面临的困境的人，也依然会陷入一种自我怀疑的情绪，觉得自己"有问题"。[5]

尽力维系自己作为有价值的专业人士这一身份，是自我心理斗争失败的根源。这种身份认同对美国成年人如何定义自我至关重要。[6] 当内心斗争失败后，人们普遍对此感到羞耻。这种羞耻源于一种感觉，即认为自己未能达到自我想象中他人所期待的模样，以及不再拥有归属感。[7]

在进行这项研究时，我安排受访的求职者进行相互访谈（并记录下访谈内容）。我发现他们往往能够坦诚地谈论一些难以启齿的话题，如失业带来的羞耻感。在下面这段求职者间的访谈摘录中，我们可以看到前校长史蒂文和曾在金融服务业工作的利亚姆所表达的一些担忧——怕在工作时间被邻居或社区人士看到自己在家或在健身房：

史蒂文：失去职业身份简直令人崩溃。有时我甚至难以迈出家门去取邮件，因为大多数取件时间都是在白天，而我本不应该在这个时候出现在家里。每当我取邮件时，我都感觉自己失业的状况暴露无遗。

利亚姆：没错，确实如此。在当下社会，尤其是作为男性，我们往往通过工作来实现自我认同。人们也是通过你的工作来认识你的。

史蒂文：利亚姆，我想请问你，你去健身房的时候，会不会觉得人们好像在说："他这个时候为什么会在健身房？"

利亚姆：会的，我确实觉得有人在四处张望，思考"他这时候怎么会在这里"。这种日常的小事真的很让人不舒服。我甚至觉得自己变老了，因为那个时间段在健身房里的人，要么是送孩子上学后去健身的妈妈，要么是退休的人。

史蒂文觉得自己"失业的状况暴露无遗"，这种深刻的羞耻感让他甚至不想被邻居看到。[8] 利亚姆也强调人们往往通过工作来定义自己的身份，尤其是男性。在这项研究和其他研究中，我们确实观察到男性普遍认为失业会严重削弱他们作为男性的身份认同感。[9] 然而，正如本书收录的众多女性受访者的发言中表达的，女性同样无法免受这种羞耻感的困扰。桑德拉在谈及自己的痛苦时，对人们普遍认为"男性更难熬"的假设感到生气，她认为这低估了她所承受的痛苦程度：

这是一种深切的失落感。尽管有人说“这对男性来说更糟糕，对女性来说不是问题，因为女性还有其他身份”。但工作是我身份认同的重要组成部分，也是人们看待我的重要方式。在这种情况下，我很难不觉得自己被抛弃了。

除了羞耻感，失业者还常常陷入自责的情绪，认为失业是自身的过错。[10] 一些求职者不断回想自己求职过程中的种种经历，反思自己哪里做得不对。莫妮卡就是一个典型的例子，她表示：“让求职变得如此艰难的部分原因是，我始终无法摆脱那种沮丧感，不断回想自己为求职所做的准备，回想那些对话，以及我本应该做的、想做的和可以做的事，还有说过的话。”另一种自责的形式则是针对失业前一段时间内的行为，批评自己没有预见到失业的风险，并提前采取措施来规避当前的困境。[11]

安东尼的故事中充满了他对自己过去行为的怀疑和自责，这种自责与内化的耻辱感，以及认为自己有过错的倾向紧密相连：

每当你没有收到雇主的任何回复时，你都会深刻反思自己，怀疑自己的背景和经验是否足够。这种自我怀疑不仅触动了自尊，还让你陷入了深深的自我怀疑。如果没有得到回复，你会开始反思，“哦，天哪，我应该早点这样做，那我就更适合那份工作了”。你开始反思自己职业生涯中做出的选择，思考那些原本可以让你更好地应对当前状况的选择。我做了很多这样的反思。

安东尼在没有得到雇主积极的回应时，开始质疑自己职业生涯早期所做的决定。他的自尊心受到了“打击”，而他作为一名有价值的专业人士的身份认同感也受到了挑战。[12]

除了降低一个人作为有价值的专业人士的身份认同感，长期失业的状态还会削弱求职者的自我认同感，因为失业剥夺了求职者参与对他人或更大整体有所贡献的工作机会。求职者找工作时做了很多艰苦且耗费精力的工作——寻找机会、撰写求职信、联系人际关系网中的目标人群，但并没有为他人做出贡献的感觉，或参与集体事业的成就感。没人能从这一系列的努力中获利，例如，安东尼明确地将徒劳无功的感觉与自尊心被削弱联系起来：

这种消极的转变在于，我从一个原本几乎每天 24 小时都在帮助他人的职位——服务客户或协助销售代表——沦落到现在的无所事事。原来那种在工作中为公司或客户服务所带来的满足感，是无法用言语表达的。然而，现在我无法继续工作，这种日常工作的缺失开始让我感到疲惫。这不仅打击了我的自尊心，更让我怀疑自己对潜在雇主的价值，特别是在我还没有找到新工作的情况下。我不禁开始质疑，是不是自己有什么问题，才无法找到新工作。

这一系列的思考过程，从意识到无法做出贡献的痛苦，到自我怀疑和自尊心的受挫，最终引出了我们在第 2 章中看到的与招聘者对失业者的质疑相似的问题——我没有找到工作是我哪里有问题吗？对安东尼和其他众多失业者而言，这种源于失业污名的价值怀疑不仅如影随形，更已深植内心。它们可能在任何社交场合突然袭来，也会在独处时不期而至。

传统经济学将工作视为一种“负效用”，是人们为获取薪酬而不得不忍受的消极体验，但我的采访却揭示了不工作所带来的真实痛苦。通过工作做出贡献不仅是个人自尊的来源，更是我们感到被需要和被接纳的重要途径。而失业则让我们感到自己变得多余，被社会排斥。求职者的叙述清晰地表明，作为社会人，我们非常在乎他人对我们贡献的看法，因为这些看法直接塑造了我们的社会地位和身份认同感，特别是在像美国这样将有偿工作和社会地位紧密联系起来的社会中。

财务危机与受损的父母身份认同

由于个人的专业身份受到打击，人们可能会试图将自我身份认同的基础转移到另一个领域。[13] 然而，身份认同并非简单的个人选择，而是社会力量的产物。某些身份相较于其他身份更容易获得。[14] 琳达的例子就说明了选择的局限性：尽管工作不是她身份认同的主要来源，但事实如此。

> 我陷入了糟糕的状态，尽管我告诉自己，“看，你找到工作并不会变成另一个人。你找到工作并不会变得更好”。但我没有孩子，我的工作在很大程度上塑造了我的身份认同感。所以对我来说，它意义重大。

琳达说，“我没有孩子”，所以她的工作自然成了身份认同的焦点。相比之下，对有孩子的求职者来说，为人父母成了他们讨论中最合理且易得到的身份认同锚点。以 50 多岁的环境研究者埃德为例，他表达了以父亲身份为中心的另一种身份认同：

> 我觉得自己已经不是从前的那个我了。我看到很多人一退休就如坠深渊，因为他们把自己等同于工作。我觉得我现在就是埃德，是个能够停下来细嗅花香，庆祝拥有一个 7 岁可爱女儿的幸运儿。而且，做父亲本来就是我最重要的事，所以这方面我还是很成功的。我是谁，并不取决于名片上或工资单上的内容。

在这段引述中，埃德有意识地转变了自己身份认同的焦点。他不再将自己局限于工作领域中的“往昔之影”，而是转型为一位能“细嗅花香”，以称职父亲身份自居的人。在后续的访谈中，埃德虽也流露出失去职业身份后的失落与哀伤，形容自己仿佛从事业的巅峰跌入生活的泥沼，然而，父亲这一身份为他提供了自我认同的坚实后盾。但值得注意的是，埃德的情况并不普遍。他之所以能在育儿过程中重塑自我，很大程度上得益于他妻子的稳定收入可以维持家庭现有的生活水平。然而，这种情形对埃德而言并非长久之计，因为正如我将在本书第 5 章详细描述的，他的婚姻正面临危机。对众多长期失业的求职者而言，即使他们的配偶仍在工作，长期失业也最终会引发其经济上的困境。正如本章之后将要提到的，当这种经济困境与就业市场上求职不断遭拒绝相结合，会严重侵蚀个人身份认同的多个核心方面。此时的求职者作为有能力、有贡献的劳动者的身份将受到质疑，其作为能够抚养子女的父母的角色也将岌岌可危，甚至在少数情况下，他们连为自己提供基本生活所需的成年人的身份都将难以为继。

求职者们很少提及失业的积极方面。唯一的例外是家有学龄儿童的父母们，他们认为失业后与家人相处的时间增多，能够更多地陪伴孩子。很多例子都反映出失业者作为父母的身份认同在失业初期有了显著增强。

对那些曾深陷“血汗工厂”[15]泥沼、每日疲于奔命的专业人士而言，能够回家陪伴放学的孩子，无疑是一种难得的解脱。利亚姆便深有体会，他感慨道：“过去，我每天都要工作14～16小时，现在能有时间多陪陪孩子，真是太好了。”安东尼的女儿正在读高中，他提到自己因失业而得以“不错过她任何一场校队比赛”时，语气中满是欣慰。他还分享道：

> 每隔一天，我都会和其他家长拼车送她去学校，路上还能和女儿聊聊天，真是难得的亲子时光。失业让我有了更多自由的时间，不用再像以往那样每天从事12小时的高强度工作，这无疑是件好事。

然而，这种难得的轻松往往难以持久。随着失业时间的延长，经济压力逐渐显现，育儿体验也可能从温馨的陪伴转变为情感上的沉重负担。若无法妥善保护孩子免受经济困境的影响，失业所带来的焦虑与不安便会深深侵蚀每一位父母的内心。

对我所采访的大多数中上层专业劳动者而言，从失业到经济压力剧增以致家庭做出重大改变，中间往往存在一个时间差。在失业最初的6个月里，他们还能依靠失业保险、储蓄和配偶的收入来维持生活。尽管失业保险只是杯水车薪，但缩减开支和利用应急储蓄，能让许多中上层家庭勉强维持生活。然而，当失业保险金用尽后（通常是6个月后），其他经济缓冲措施能否满足生活需求就变得难以预测。[16] 相对而言，那些配偶有工作的失业者的经济压力会稍小一些，但仅凭配偶的收入往往也难以支撑整个家庭的开销。大多数双职工家庭都是依赖双方的收入来维持生活的。莫妮卡就描述了这种情况：

> 我丈夫有工作，但我们的生活方式建立在两个人都有稳定收入的基础上。随着时间的推移，当完全入不敷出时，我就不得不动用我的退休金，直到几乎用尽。那段时间非常艰难。

那些有幸拥有在职配偶和一定退休金的人可以暂时维持原有的生活方式。但这撑不了多久，储蓄早晚会耗尽。即使那些之前收入较高、拥有大量储蓄的家庭，也会因原有的高收入带来的高成本生活而迅速消耗掉这些储蓄。如果大幅削减住房和私立学校费用等主要开支，必将对生活造成剧烈冲击。

为了维持孩子的正常生活，以及寄希望于未来的新工作，许多家庭会耗尽他们的储蓄和退休金，有时甚至不惜动用孩子的大学基金。他们宁愿如此，也不愿做出直接影响孩子的重大改变，如搬家或让孩子退出私立学校。这种选择实际上反映了父母竭尽全力保护孩子免受生活困境影响的决心，也许是他们在无意识中维护自己作为称职父母的身份认同。以 52 岁的软件开发者肖恩为例，他说：

> 我肩负着养家的重任，我妻子也在工作，但我们有两个孩子，一个正在私立学校就读，另一个明年也要进入私立高中。因此，我会竭尽所能让他们继续在那里学习，哪怕这意味着我要动用退休金，我也得这么做。

另一位求职者保罗也面临艰难的抉择。他需要考虑是否留在现在居住的房价高昂的城镇，让孩子们留在现在的学校，与儿时的伙伴共同求学。要实现这个愿望，唯一的办法就是动用原本为支付孩子们的大学费用而存下的储蓄金。他坦言：

> 我们所在的街区房价昂贵。如果不是孩子们希望在他们成长的这个城镇完成高中学业，我们可能会考虑搬到更便宜的地方。但现在，我们会一直留在这里，直到孩子们高中毕业。目前，我在用退休金和孩子们的大学储蓄金来支撑这个家。现在只能祈祷孩子们能获得丰厚的助学金，因为我为他们存的大学储蓄金所剩无几了。

当储蓄、退休金或大学基金逐渐耗尽，再也无法使孩子们避免陷入生活的困境时，长期失业所带来的财务危机就会对个体的身份认同发起猛烈的冲击。面对无法继续用金钱来维持孩子们原有生活方式的现实，失业者们往往会深陷自责，觉得自己身为父母非常失败。

特别是一些身为单亲母亲的受访者，她们痛苦地提到了无法负担圣诞节礼物的经历。谢里尔的孩子已经上大学了，她深有感触地说：

> 这是一年中最难熬的时刻。在节日里，我总希望能为孩子们做些什么，比如为他们买些新衣服以应对面试，或者给他们一张加油卡，让他们不必为油费担忧。但如今，这样的保障已经不复存在，这让我感到无比沮丧，因为我再也无法像过去那样给予他们帮助。

她停顿了一下，试图找到能准确表达她此刻感受的词汇：“在我们的文化中，似乎没有合适的词来描述这种感觉，我想说的是女性版的‘被阉割’。我感觉自己就像……我不知道该怎么形容，女性没有对应的词汇，这挺有意思的。”她感到有必要创造女性版的“被阉割”词汇，恰恰突显了无法为孩子准备礼物这件事对她的母亲身份和供养者角色构成了巨大的挑战。

马西娅同样觉得节假日是一年中最难熬的时刻，她说：“一起过节对我们来说简直是煎熬。我们并不喜欢过节，因为对我们来说，那并不算节日。我只能假装这一天和平常没有什么不同。尤其是圣诞节，简直是最难熬的。”没有互赠礼物的环节让人心生痛苦，因为这些仪式往往象征着爱与关怀。然而，有时候，马西娅甚至连让她的两个年幼的孩子吃饱的能力都没有，这给她留下了深切的伤痛：“即使每周去食物赈济处领两次免费面包，我们也很难熬过一个月。每个月的最后一周，对我们来说几乎意味着挨饿。”除了无力维持基本生计所带来的情感困扰，失业者还因无法让孩子免受成人世界的压力而倍感痛苦。马西娅解释说：

> 我的孩子们再也不愿听这些了。他们不愿听到那些挣扎，不愿听到找工作碰壁，不愿听到生活拮据。他们再也承受不住了。如果只是我一个人……如果只是我一个人面对这些，情况可能不会这么糟。孩子们不想去食物赈济处，他们即将进入青春期，渴望像同龄人一样生活，对人生充满期待。

马西娅的困境并非仅为经济上的拮据，而在于她失业的状况在情感上给孩子们带来了沉重的负担，使他们难以维持对生活的积极态度。

金伯莉也谈到她为了保护正在读高中的儿子所做的努力，但这并非每次都能成功。她坦言：

> 每当他提出想买某样东西，而我却只能说“我现在买

不起”时，我都感到无比心痛。有一次，我在外面哭泣，他走出来问我：“妈妈，你怎么了？”我拉他坐下，告诉他：“我现在压力真的很大，我真的很想为你买你想要的东西，带你去做你想做的事。但找到一份合适的工作真的好难。”他看到了我平时不会展现的那一面，作为母亲，我总是想保护他，不想让他看到我脆弱的一面。但遗憾的是，这已经发生了好几次。

父母都渴望在生活中成为孩子坚实的后盾，给予他们无尽的支持。然而，失业所带来的种种危机，往往让他们难以维持这种稳定。马西娅的孩子们直接告诉她，他们不愿再听到这些令人沮丧的事情。然而，在某些情况下，面对家中的经济压力和情感困扰，孩子也会以激烈的方式回应，甚至对失业的父母发泄情绪。弗雷德便是一个例子，他说：“当我的儿子真的对我生气时，他会说：‘你去找份工作啊！’他并非有意伤害我，但这就是他内心真实的想法。作为父亲，我真不想从儿子口中听到这样的话。”在这些时刻，孩子们无意中透露出的情绪，表示他们有时会用带污名的眼光来看待失业的父母。

桑德拉和她的丈夫都失业了。他们的儿子是一名大学生，曾积极申请一个知名的实习机会。然而，当他未能如愿获得实习机会时，他选择了撒谎——告诉父母他成功了。桑德拉分享了儿子的心声：

我问他为什么不说实话，他解释说：“我觉得很丢脸，不想成为家里的又一个失败者，像你和爸爸一样。”我听后深感痛心，告诉他：“我虽然现在没有工作，但我并不觉得自己是个失败者。我也不认为你爸爸是失败者，他只是暂时没有工作而已。你这样说，我真的很伤心，别再这么想了。”

退一步讲，失业者无法再像以前那样理所当然地为子女提供稳定的生活，这让孩子们经受巨大的压力，甚至会用带污名的眼光来看待失业的父母。而孩子的这些反应又会摧毁失业者作为父母的身份认同。当他们的职业身份在就业市场上受到打击时，作为父母的身份认同就变得尤为重要，也成为他们理解自身角色和贡献的关键。然而，失业所带来的经济危机严重削弱了这一身份认同。事实上，无法让子女免受失业带来的经济压力和情感冲击，可能是长期失业中最艰难的挑战之一。

“我觉得自己变回小孩子了”

情况可能会恶化。失业者可能会失去住所，被迫搬回父母家住，甚至需要依靠政府援助，如食品券等，来维持生计。[17] 到了这一步，对个人认同的打击已经深入骨髓，甚至让人开始怀疑自己是否还算一个成年人。

当积蓄耗尽，账单却源源不断出现，此时失业者在失去住所之前最后所能做的就是向家人寻求经济援助。例如，吉尔直到“家里即将被断电，房东的耐心也即将耗尽，而我已经没有任何后备资源”的时候，才向家人求助。这一步很难迈出，因为它让人感觉像退回到了童年。然而，父母在此时能够提供支持的程度各不相同。有些父母确实能够雪中送炭，但也有一些父母已经退休，正面临自己的经济困境。

55 岁的劳拉是一名工会组织者，失业时，她与丈夫和 15 岁的儿子住在一栋房子里。这栋房子是他们在儿子出生后购买的。她的故事揭示了一个典型的情况：人们总是期望新工作就在眼前，于是不断消耗资源，直到无法支付房贷为止。

> 当我失去工资时，我们也失去了偿还房贷的能力，这真的让我倍感崩溃。我们曾满怀希望，不断祈祷，每次面试都觉得自己离成功只有一步之遥，总是想再等等看，看看这次的结果如何。然而，圣诞节前一周，我们不得不卖掉住了 15 年的房子，还亏了 15 000 美元。之后，我们在这栋住了 15 年的房子里开了圣诞树装饰派对，并试图表现得很快乐。

劳拉和她的家人还算幸运，他们租到了一处公寓。但并非所有人都如此幸运。

对那些失去住所又找不到（实际上是负担不起）其他住处的人来说，父母所能提供的最终保障往往不是金钱，而是住所。然而，搬回父母家住，这一举动在电影中可能被描绘成喜剧元素，但在现实生活中，这无疑是对成年人身份认同的一次沉重打击。谢里尔描述了自己在失去住所后回到童年故居与父母同住的感受：

> 从拥有稳定住所和温馨社区到无家可归，这种落差让我深受打击。最初的几个月，我每天醒来都发现自己住在童年时的房间里。我开着父母的车，却只能强颜欢笑。我曾经历过真正意义上的情绪震荡期，晚上醒来时，我会听到尖叫声，心想："是不是有人忘了关电视？"结果发现是我自己在尖叫。我会突然醒来，甚至喘不过气。除了这些，我在一年内瘦了近30斤，体重一直上不去。我吃不下东西，只感觉受到了创伤，开始出现轻微的焦虑症状。

和谢里尔一样，苏珊也发现自己和父母住在一起后，有一种交织着惊叹与感激的复杂情感："感谢上帝，因为我差一点儿连睡觉的地方都没有。但我有时觉得自己变回小孩子了，被困在家里，和父母相依为命。"尽管住在家里缓解了苏珊经济上的压力，但这无疑对她的独立和成人身份造成了沉重打击：

> 我从20岁起就一直独自生活，自己负担本科的学费，从未向父母伸手要过一分钱。然而现在，51岁的我不得不回家依靠父母，那种屈辱感真的难以言表。有人曾夸我是一个非常独立的人，现在我却沦落到难以自立的境地。独自生活了35年后，我却无法养活自己，这真的让人难以接受。我本该照顾父母，现在却是他们在竭尽全力地帮助我。事情本不该这样。这样说或许显得有些幼稚，但这就是我内心的真实感受。他们都已经80多岁了，应该享受晚年，而不是还要为我操心。这种反差让我难以接受。我从20岁起就独立生活了，有时我真的觉得，“哦，生活一定是在开玩笑吧”！

失去成人身份（对美国人来说，这与经济独立密切相关）的感觉，在失业者走投无路求助于政府时也会显现。[18] 谢里尔在生活窘困时，无奈地申请了食品券。但她发现每次使用食品券购买食物时，似乎都能感受到其他购物者的目光，仿佛在评判她是否配得上使用这些由纳税人资助的援助金：

> 使用食品券购物是我经历过的最痛苦的事情之一。前

两次在超市使用它时，我直接在超市里哭了。这真的很难受，因为你绝对无法装满一整个购物车而不引起他人的注意和议论。我敢打赌，任何人都不可能在购物车里装满不会引人非议的商品。但事实是，我从 14 岁起就一直努力工作，向这个社会福利系统里“存钱”，所以我认为政府每月给我不到 200 美元的援助是合情合理的。

尽管谢里尔认为接受政府援助“合情合理”，但她在超市情不自禁流下的泪水，却表达了她的另一种想法。希瑟在生活窘困时也曾求助政府，她同样感受到了来自身份认同的挑战：“考虑申请福利，心里并不好受。我清楚从法律上讲我有这个权利，按理说不应该觉得羞耻，但在某种程度上，我确实觉得有些难堪。”

无论是经济上依赖父母还是政府，这种体验都与本书上一章所描述的建立人际关系网时的体验有共通之处。在这两种处境中，失业求职者都不得不采取一些行动，而这些行动无疑会削弱他们作为独立成年人的身份认同。在与陌生人建立人际关系网时，失业求职者会以乞丐自喻；而当他们向父母或政府求助时，自喻的对象变成了孩子。

在我所研究的求职者中，尽管大多数人最终并未流离失所，但他们无一不深陷财务危机的泥潭，这无疑是对其成人身份的严峻考验。他们普遍对自己目前的处境感到震惊，且难以接受。以斯泰西为例，她发现自己现在的贫困状况甚至比儿时还要糟糕，那时她与患病的父母移民至此。她感慨道：

> 我家已经从中产阶级跌落至贫困边缘，现在除了食物，我几乎无法为儿子提供任何基本生活所需。我的生活标准甚至低于童年时期。我的童年并不轻松，作为第一代移民，父母身体欠佳，家庭经济拮据。而现在我的处境更加艰难，这赤裸裸地揭示了社会安全网的失效。

对毕业于哈佛大学的非裔美国人莎伦而言，失业不仅打破了她家族几代人的努力与期望，更使她质疑美国社会成功的游戏规则。她从小就被灌输要努力读书、努力工作的观念，认为这才是通往成功的正确道路。然而，现实让她倍感困惑。她解释道：

> 这简直让人难以置信。我从小就被教育要努力读书、努力工作。我祖母没受过多少教育，她一生都在辛勤工作。我母亲是她那一代人中第一个获得学士学位的人。她们总是告诉我，只要我努力学习，将来就会过上好日子。祖母曾希望我不要像她一样只做个洗碗工，她希望我能接受良好的教育，在学校表现出色，做正确的事，这样我就能拥有更美好的未来。我对自己说，虽然祖母没上过几年学，

只靠洗碗维生，但这份工作她一直做到 65 岁！而我现在却没了工作！这真的让我难以接受。我觉得自己一直按照“正确的方式”成长，也确实这么做了，最后却落到了这般田地。

长期失业使求职者关于自我身份认同和当下人生阶段应该达成什么成就的叙事相互矛盾。失业同时冲击着求职者对生活的多重预期，现实处境与人生预期的矛盾会越来越尖锐。面对失业带来的社会偏见与经济困境，求职者难以维持自己作为有价值的劳动者、称职的父母，乃至合格成年人的身份认同。正如本书第 5 章将要揭示的，在求职者努力维持自身价值和身份认同的过程中，即使是配偶和密友，往往也难以提供稳定的支持。事实上，这些关系中的紧张情绪反而可能进一步削弱求职者的身份认同。因此，与污名化作斗争的最有效方式是以集体行动的形式进行——失业求职者们团结起来，共同面对困境，这将是本书第 6 章深入探讨的主题。

日益加剧的焦虑

数十年的研究表明，失业有损人们的精神健康与福祉。[19] 针对这一情况，本书深入探讨了导致这一现象的日常生活体验。

我们已经认识到，失业及其带来的社会污名如何一步步侵蚀人们的身份认同——这是失业破坏个体福祉的一个核心机制。[20]然而，这仅是冰山一角。在本节中，我将深入探讨失业如何日益加剧人们的焦虑情绪。

失业求职者在面试过程中遇到的最紧迫的挑战之一，是他们遭受的持续而强烈的焦虑。[21]他们纷纷表示，自己的思绪几乎全被找工作和应对财务困境所占据，难以分心思考其他事情。安东尼坦言："我已经失业 14 个月了，找工作和失业的困境是我每天大部分的所思所想。有些时候，它们几乎完全占据了我的思绪。"汤姆则描述了自己总是无法摆脱"我是不是错过了什么"的感觉：

> 我的邮件里是不是有什么漏掉没写的？我是不是需要提高写作技能？我无法停止思考。这就像一场永不停歇的马拉松。你一直在跑，旁边有人和你一起跑，他们也在找工作。

汤姆用马拉松作比喻，反映出他内心隐含的恐惧——那些和他一同奔跑的人其实做得更多。这种总觉得自己还能做得更多的焦虑感，加上常常不清楚自己应该做什么、应该优先处理什么的内心忧虑，又加剧了求职者的焦虑情绪。詹姆斯道出了这一层面的焦虑：

对我来说，求职过程中最难应对的一件事就是有太多事情可以做或应该做。有太多人需要去交流，有太多团体需要参与，有太多东西需要去学习。你无法面面俱到，所以这会让人感到非常沮丧。

在求职过程中，时间和精力的投入似乎没有明确的限制，因此求职者常常会因为花的时间不够多或做得不够好而责怪自己。采访显示，求职者常常因为觉得自己做得不够而自责。阿伦这样说：

我给自己施加了很大的压力。我是最糟的自我批评者。我总觉得自己还能做得更多，所以当我意识到“嘿，我可以做得更多，我的待办事项清单有一整页那么长”时，我就会非常自责。当你没有完成清单上的所有事项时，你会感到很沮丧。

求职过程中的持续焦虑和自责，与因财务状况恶化而产生的类似情绪交织在一起时，就会让人倍感压力。与求职时不断做决策却缺乏明确方向相似，长期失业者每日都面临支出决策和资金规划的挑战，并努力推迟资金耗尽的那一刻。在这个过程中，他们需要费尽心思权衡各项开支，决定哪些可以削减，哪些必须支付，哪些可以延迟支付。

布鲁斯谈到了处理每月账单的繁重任务，以及“他需要在各项支出之间寻求平衡，考虑如何支付这个账单，又能将那个账单的支付时间推迟多久”。希瑟表示不停地应对未付账单是一种挣扎，她在努力寻找解决之道：“我要给每个人都付点钱，但又不能付全款，同时也不能让银行账户清零，这样我才能买得起生活必需品。”希瑟的父亲几个月前去世了，她当时面临一个艰难的选择：是否要花一大笔路费去参加父亲的葬礼，这可能会让她剩不下钱买吃的。她纠结道：“我不知道能不能负担得起去肯塔基参加父亲追悼会的费用。我怎么能不去参加我父亲的追悼会呢？”虽然这个决定看上去过于戏剧性，但失业者的生活中充满了不那么引人注目却持续让人痛苦的艰难抉择。他们需要在满足自己的基本生活需求和支付账单之间找到平衡，这种压力和焦虑几乎无时无刻不在困扰他们。

对失业者来说，另一个焦虑的来源是他们正在逐渐老去，总有一天将无法工作，但与此同时，他们却在消耗自己的退休金。退休金是许多非中上层美国人根本没有的财务保障。然而，那些经过多年的精心财务规划和自我克制积累了储蓄金的人，如今却不得不眼睁睁地看着这些积蓄一点点减少，这种痛苦的经历实在令人难以承受。莎伦的经历就是一个生动的例子。她无奈地表示：“我已经用掉了大约 85% 的 401（k）账户资产，这些钱是我现在的生活来源。虽然我目前还能用它勉强维持生计，但当我 65 岁或 70 岁时，又该如何是好呢？”[22]

长期失业带来的焦虑不是一成不变的，而是持续加剧的，如同滚雪球般越滚越大。在求职过程中，求职者们深知，随着待业时间的延长，他们在就业市场上所遭受的污名愈发沉重。经济层面也是如此，无论一个人所拥有的资源有多丰富，随着时间的流逝都会走向枯竭的边缘。无论是依靠失业保险、退休金还是家庭支持，失业求职者总能感受到来自时间的无情逼迫，每一天都离资源耗尽的日子更近一步。丹尼尔道出了许多人的心声："我现在还能勉强支撑，但这样的日子已经没剩几个月了。"

失业者仿佛正站在悬崖边缘，摇摇欲坠。随着悬崖的逼近，他们越来越有可能接受那些"生存性工作"——通常是低薪且耗费精力的零售业职位，以换取微薄的收入。然而，这些工作往往无法覆盖基本生活开销，而且会占用求职者的时间和精力，阻碍他们找到更好的工作。

本节所描述的长期失业带来的日益加剧的焦虑情绪，集中反映了求职者失业期间的感受：他们或许可以拥有一些额外的自由时间，却无法完成与工作无关的项目，甚至无法抽出时间放松自己。例如，布赖恩刚失业时，曾幻想能利用这段空闲时间完成一些他以往无暇顾及的家务，但现实并非如此：

> 我曾以为，自己会有时间去做家务，比如组装书架。但事实上，我根本没有精力和欲望去做这些，因为我应该在工作、应该有份正式工作的强烈念头始终萦绕在心头，

挥之不去。我最担心的就是找不到新工作。

布赖恩的经历并非个例，许多人都被这种“挥之不去”的失业焦虑和思绪侵扰，以至无法积极利用失业期。金伯莉也表达了类似的感受：

你无时无刻不在想着自己没有工作这件事，简直没完没了。人们却会说，“哦，你能有两年时间休息休息，真好”。这真的挺有意思，我昨天还在想这件事。其实失业的日子并不好过，也不愉快。我总感觉自己无法真正放松。虽然睡得多（这也是抑郁症的一种表现）但我从未真正放松过，因为我的生活完全没有安定感。

失业求职者在经历日益加剧的焦虑和身份认同的挑战时，常常被自己的情绪摧毁。在下一节中，我们会看到一些人是如何努力克服这种情绪的。

与自身情绪的抗争

一个人的身份认同的核心方面受到打击，且焦虑情绪持续加剧，就会带来另一重挑战——努力抑制或安全隔离自己的负面情绪。接受我采访的几乎所有的失业求职者都认为，他们所经历的负面情绪本身就是一个亟待解决的问题。

以汤姆为例，他表达了自身的愤怒对自己持续失业的影响："我不能生气，因为这只是在浪费我原本可以用来找工作的精力。愤怒的情绪并不能让我在求职时取得任何进展，它会在面试时表现出来，即使我保持微笑，对方依然能察觉到。他们会从我的声音中听出我的情绪。"尽管汤姆意识到负面情绪是对精力的浪费，是求职的阻碍，但他难以完全控制这种情绪，尤其是在睡梦中，这种情绪以最为扰人的方式侵入他的心灵：

> 我曾经历过那样的日子，除了妻子去世和她离世后的几个月，那便是我情绪最低沉的时期。每晚入睡前，我都希望醒来时能够去上班。我曾做过这样的梦，梦中我在工作，与同事在一起。我正准备做简报时，人们走进房间说："我们不想听你说话。"我回应道："我应该做简报的。"他们却说："你已经被解雇了。你没收到通知吗？"这样的梦我反复做过多次。我曾陷入这种黑暗的境地，无法思考和行动。我曾试图保持专注，去做我认为需要做的事情，但感觉就像在水中艰难地跋涉。

汤姆是我的受访者中唯一提到自己反复做噩梦的人。尽管他尽了最大努力去控制或忽视自己的负面情绪，但它仍旧会出现。这种经历十分常见。以埃里克为例，他曾试图抑制因污名化经历所带来的痛苦，但未能成功，这使他产生了不可思议的想法：

> 我曾考虑过自杀。坦白地说，对于自己能活这么久，我感到很惊讶，尤其是我不仅经常收到他人的负面评价，特别是来自职场的负面评价，他们将我视为“有缺陷的人”，还要面对那些无法改变，且将我阻挡在生产性职业之外的外部力量。我好似一直被挡在职场边缘，看着游行队伍经过，却对此无能为力。我不知道职场对我有什么要求，出于某种原因，我总是达不到它的要求。我感到非常迷茫，不知道自己是谁，也不知道自己的人生目标应该是什么了。我试图继续前进，但我的内心就像一座正在倒塌的纸牌屋，正在崩溃中死去。我只能掩盖这个问题，想“假装一切正常，直到真正好转”，但这样的伪装无法长久。有时，我内心痛苦的真实感受会浮现，这使我陷入极度的悲伤、抑郁和自杀念头的旋涡。旁人的安慰千篇一律：“一切都会好起来的，别担心，你总会有机会的。”然而，当事情不可避免地搞砸时，我就会因自己的不幸、过失和纰漏而遭到劈头盖脸的抨击、责备和批评。[23]

埃里克因被污名化和被视为“有缺陷的人”而备感痛苦，他得到的建议通常是“别担心”和“一切都会好起来的”。这实际上是在告诉他要压抑自己的情感，将一切痛苦都深埋于心底。他试图“假装一切正常，直到真正好转”，这意味着他既没有寻求，也没有得到任何情感上的支持，只能独自承受这一切。此外，像埃里克这样的求职者往往会陷入因消沉而自责，又因自责而更消沉的恶性循环，并责怪自己无法摆脱这些负面情绪。[24] 在本书第 6 章中，我将深入探讨为何在某些失业支持环境中，鼓励“假装一切正常，直到真正好转”的做法常常会适得其反。同时，我也将探索一种更具社会学意义的方法，即鼓励失业求职者与他人公开分享自己的经历和感受，这样可以使他们得到更多的支持和慰藉，从而对抗内化的污名。

在一个可以获得支持的环境中，与你信任的人分享负面情绪是至关重要的。因为有些场合，如面试时，我们确实需要妥善掩藏自己的负面情绪。道格形容他在面试时的经历就像电影《化身博士》（*The Jekyll and Mr. Hyde*）中的杰基尔和海德一样，内心感受与实际表现截然不同：

> 失业让我开始质疑自己的价值，怀疑自己是否在职业生涯中一事无成。这确实是一个巨大的挑战。和所有求职者一样，我努力诚实、真诚地推销自己，希望向每个雇主展示完美的自己。但我也希望保持真我，所以我要展示

自己真正专注且做得最好的事情。这要求我强迫自己展现出自尊和自信。尽管我有时感觉自己像杰基尔和海德一样，要时刻转换身份，所以展示最好的自我并不容易。

道格表示，隐藏自己的真实感受很难。而40多岁的健康研究者托马斯则说，这让他感觉自己像个骗子：

从情感上来说，这真的很艰难。直到不久前，我还一直把职业身份视为自我认同的核心，现在也是。但我已经好几年没工作了，所以我感觉自己有点像骗子。面对陌生人时，我会简略地说，“这是我过去的职业”。但更深层的故事是，我没有更多可以去做的。这让我倍受打击，也影响了我的自信，而当我出去找工作、向别人推销自己时，这正是我最不希望发生的事情。

这些情绪上的挑战会相互激荡、相互叠加，从而将求职者引向不同的方向。如果求职者时常感觉自己像个骗子，或是身陷杰基尔与海德的双重人格之中，无疑会削弱他们在求职过程中所需的自信。莎伦分享了自己的失业经历如何影响她与潜在雇主的互动：“我觉得我开始重新审视自己的每一个举动，而在他人眼中这可能是缺乏自信或不够真诚的表现。”

道格、托马斯和莎伦所面临的挑战之所以错综复杂，是因为他们身处矛盾之中。一方面，为了有效地求职，他们必须压抑并掩藏自己的负面情绪。这种做法的必要性将会在下一节进行分析，届时我还将深入探讨招聘者对应聘者负面情绪的反应。另一方面，社会文化崇尚真实，鼓励人们展现真实自我，这使得求职者在隐藏负面情绪时，感觉自己像个骗子，不真实，或是拥有杰基尔与海德般的双重人格。[25] 不真实感又会进一步加剧负面情绪，形成一个又一个的恶性循环，使长期失业的感受变得尤为痛苦。

警示信号：招聘者眼中的负面情绪

正如本章所述，失业体验往往会催生负面情绪。尽管失业者可能试图压抑这些消耗精力的情感，但它们如影随形，挥之不去。[26] 更糟糕的是，如果这种情绪在求职者与雇主的互动中表现出来，将成为求职者再就业的巨大障碍。原因其实很简单：雇主往往将负面情绪视为不合格的标志。

在与招聘者的交谈中，我深切地感受到，雇主更倾向于选择那些积极向上的候选人。任何负面情绪都会被他们视为警示信号。正如招聘者埃琳所言：

年纪稍长、遭遇职场歧视或因上司不公而失业的人，有时会表达出他们的情绪。但这种情绪的表达在求职过程中并无益处。如果应聘者在当前面试中表现出对前雇主的不满，这无疑会成为一个警示信号。求职者应该展现出自己积极的一面。在面试中表现出对前雇主的愤怒或不满是求职大忌。

值得注意的是，埃琳并没有试图去了解应聘者是否有合理的理由对前雇主感到不满。负面情绪（无论是否合理）都会被视为应聘者的不合格之处。另一位招聘者辛迪给出了更详细的解释：

有时我认为，正是人们自身的态度和性格，导致他们长时间找不到工作。应聘者需要摆脱这种负面情绪。如果他们做不到，这种情绪就会传递给我，因为我能感受到他们的沮丧或缺乏自信。当他们带着这种情绪走进门的那一刻，我就能立刻察觉到。我还可以从应聘者的声音中听出来。在面试前，应聘者需要先处理好这些情绪。否则，他们在一开始就已经失败了。

辛迪指出态度和性格问题是失业者求职困难的原因之一，这充分展示了污名化的作用。被污名化的人会受到排斥，他们对此产生消极反应，而这种消极反应又会成为他们被进一步排斥的理由。[27]

求职者因负面情绪或因分享失业带来的沮丧情绪而被淘汰的情况，并不仅限于面试场合。在本书的第 7 章中，我将进一步讨论求职者在向媒体讲述自己艰难的失业经历时，同样会受到打击。他们在社交媒体上分享经历时也会面临类似的问题。一位招聘者鲍勃告诉我，他会在网上关注潜在的应聘者，目的就是“看他们是否经常抱怨”。

深入思考招聘者辛迪的发言，我们可以清晰地看到，求职者不仅要避免表现出消极情绪，还必须展现出自信。辛迪声称，她在应聘者一走进门时就能判断出他们是否自信。另一位招聘者罗恩也持有相同的看法：

> 如果求职者带着缺乏自信的情绪去面试，他们的不安会暴露无遗。这样的状态是无法获得成功的。因为如果应聘者缺乏自信，将无法使别人相信他们能够胜任这份工作。

然而，展示自信对求职者来说是一个难以逾越的障碍，因为失业的经历往往会摧毁他们的自信。在经历了公司一连串的拒绝和同事的污名化反应后，想要保持高度自信几乎是不可能的。当然，积极的经历可以重塑自信；研究表明，应对失业带来的各种痛苦的最有效方法是找到一份新工作。[28] 遗憾的是，这种最直接的重塑自信的方式，却因为僵化的招聘现实而变得困难重重。因为在面试时，缺乏自信会被视为一个不合格的标签，使求职者难以得到工作机会。

* * *

综上所述，我们陷入了一个完美的恶性循环，我在本书中称之为“污名陷阱”。无论出于何种原因，一旦失业，你就会因失业而遭受怀疑和污名化，这使找工作变得更加困难。求职的困难又会导致负面情绪滋生，削弱自信。而这种由污名和求职困难所引发的负面情绪或自信不足，又会进一步加剧他人对求职者的怀疑和污名化，甚至将其排除在雇用考虑之外。

本章已经揭示，长期失业不仅破坏了失业求职者对几种身份的认同，而且对同一身份的多维度攻击还会相互强化。尤为严重的是，求职者在就业市场上遭遇的拒绝和随之而来的其作为有价值、有贡献的专业人士身份的动摇，通常伴随着财务危机，使得求职者难以在其他身份认同（如成为好父母）上找到支撑。如果财务危机严重到一定程度，求职者甚至可能不再觉得自己是一个合格的成年人。

同时，失业也会带来焦虑，这种焦虑会随着时间的推移而加剧。随着时间的推移，简历上的空白期越来越长，污名也越来越重。与此同时，长期失业的求职者的储蓄正在一点点被耗尽，他们离经济崩溃的边缘也越来越近。如何避免资源耗尽，决定削减哪些开支、支付哪些账单，这些不断耗费精力思考的日常琐事进一步加剧了长期失业的求职者的焦虑。而在这个过程中，求职者还需要进行各种求职活动，这同样需要不断做出决策，以最大限度地利用自己的时间和精力。

寻求身份认同，应对财务状况的挑战，以及面对不断加剧的焦虑，这些都会不可避免地催生负面情绪。而这些负面情绪反过来又成为求职的巨大障碍，因为招聘者往往会严格排除表现出负面情绪的人。

要全面理解失业带来的情感伤害，我们还需牢记前几章讨论过的另外几方面的关键内容。比如，求职者可能经常在投递简历后得不到回应，还可能会遭到人际关系网中联系人的单独拒绝，这令人更难承受。尽管这些不同的经历在本书中被分章呈现，但要深刻体会失业者的真实生活经历，我们必须意识到，他们在就业市场、财务、身份和情感等方面都同时面临挑战。

此外，为了完整地描述失业经历，还有一个至关重要的维度需要考虑：失业对亲密关系的影响。我们或许期望，在困境中，失业求职者能够依靠配偶或密友的支持。然而，正如我们将在本书中第 5 章看到的那样，这些关系也可能受到污名化的影响，从而加剧失业危机。

第 5 章

The Stigma Trap

我们最亲密的关系

婚姻和友谊

在最理想的情况下，我们最亲密的关系可以成为关键的支持来源。但是，当长期失业带来羞耻感和自我怀疑，以及个人的身份认同在持续的情绪和财务危机中受到多方面的挑战时，我们曾认为可依靠的婚姻和亲密关系会变得紧张，无法提供太多支持，甚至会加剧求职者的情感困境。[1]

配偶和朋友通常都会给予爱和关怀，但像其他人一样，他们也生活在奉行优绩制度的美国社会之中，难免沾染在招聘方和人脉圈中司空见惯的且已被求职者内化的偏见。然而，尽管污名无处不在，但在这些最亲密的关系中遭遇污名化可能是失业者最痛苦的经历之一。

在婚姻中，紧张关系往往源于夫妻双方的生活高度交织在一起，这也导致了他们对对方的期望和失望。失业者的配偶常常因失业者缺乏经济和家务上的贡献而感到失望，而失业的一方则因为不被理解或没有得到对方更多的同情而感到失望。令人惊讶的是，这种时期表现良好的婚姻关系是那些双方都经历过长期失业的夫妻，这种共同的经历使得失业的一方不太可能被污名化。

婚姻之所以会陷入困境，是因为夫妻双方都生活在“同一艘摇摇欲坠的船上”。而友谊之所以会面临挑战，是因为朋友们现在发现各自身处不同的船上，有股强大的力量将他们拉开。之前一起工作的朋友的共同之处越来越少，社交机会自然也越来越少。非工作关系的友谊会因财务状况差异而变得紧张——失业的朋友再也负担不起以前的生活方式，而且因失业带来的羞耻感而排斥社交。最痛苦的是，一些失业者会在朋友的反应中感受到污名。即使有几十年的友谊，失业者也会被怀疑的目光审视，这种目光随处可见。

婚姻会如何变化

婚姻状况也会对失业者产生很大的影响。在失业期间，配偶在婚姻生活中变得更加重要，并且是失业的一方唯一一个经常见面和交谈的成年人。对我的一些受访者来说，这种困境反而成为维系他们婚姻的纽带，因为配偶能够提供关键的情感支持。然而，更常见的情况是，失业者的婚姻关系变得紧张，这种情况使本书第 4 章中描述的多重危机更加严重。在此，我将首先讨论通常会出现的紧张关系，然后探讨在哪些情况下婚姻为其提供了有效的支持。[2]

婚姻关系紧张的主要因素是金钱问题。简言之，家庭财务危机经常演变成婚姻危机。通常，失业会让配偶感到失望，尤其是当配偶对失业一方的收入抱有强烈期望时。在我的受访者中，这种婚姻中的紧张关系最常见于丈夫失业。这与最近的其他研究相吻合，即人们（包括男性自己）仍然过分期望男性成为家庭的主要经济支柱。[3]

比如，布鲁斯今年 58 岁，曾在某公司营销部门的高层岗位上工作了多年。他已经结婚 37 年了。布鲁斯表示，“家庭财务方面的压力一直很大”。刚失业时，他的妻子表示了鼓励和支持。但随着时间的推移，关系逐渐紧张，特别是在他们意识到需要卖掉郊区的房子，搬到更小的联排房屋时。他解释说：“我基本上动用了全部退休基金，因为我觉得我需要尽我所能来支持家庭。我的二儿子刚开始他大学最后一学期的课程，而我连他第二学期的学费都还没付。”为了支付学费和其他账单，布鲁斯和妻子不得不卖掉他们的房子，他们曾在那里抚养孩子长大。这一决定极大地动摇了他们的婚姻：“我妻子非常伤心。她原本以为在这个人生阶段，我们的生活会更好。”布鲁斯的妻子告诉他，一旦他们卖掉房子，她不知道他们的婚姻将如何继续。说到这里，布鲁斯沉默了，面露痛苦，只是简单地说："显然，这非常非常困难。"

布鲁斯和他的妻子确实都没有达成他们在这个人生阶段所期待的生活状态。两人都承受着生活的压力、不确定性和家庭财务水平的下滑。然而，令人深思的是，布鲁斯的妻子由此质疑他们的婚姻，这表明除了共同的经济困境，她不仅对生活现状感到沮丧，也对布鲁斯本人感到失望。在后续的采访中，布鲁斯坦言："我们这一代人都默认丈夫理应成为家庭的顶梁柱。"

埃德也面临类似的困境，并且在谈及婚姻的紧张关系时，他更直接地提到了"顶梁柱"这一角色的作用。虽然埃德的妻子有工作，但她的收入并不足以支撑整个家庭的开销。他感叹道："我已经用信用卡来支付家庭开支。我们正在努力削减生活费，需要更节俭。但即便如此，我们仍过得很艰难。这给我们的婚姻带来了巨大的压力。"埃德进一步解释说：

> 在这种情况下，我和妻子的关系变得非常紧张，因为我之前并没有意识到她多么渴望拥有一个能够养家糊口的伴侣。我完全能理解她的感受……我不想让我的爱人失望。所以，这确实是一个大问题。

从埃德的话语中，我们可以深切感受到他内心的挣扎，这既源于妻子对他无法更好供养家庭的失望，也源于他因自己让亲人感到失望而自责。德里克有同样的感受，他认为婚姻的幸福与否，在很大程度上取决于他能否承担起养家糊口的责任。在我们采访的时候，德里克的婚姻状况相较于布鲁斯和埃德要稳定一些，但这主要是因为他还有储蓄可以继续供养家庭："我并没有受到指责，因为我仍然有能力为家里提供经济支持，所以他们对我比较宽容。他们好奇我是如何拿出这些钱的，我告诉他们我动用了积蓄，其实他们也不知道我有多少积蓄，但这些钱暂时帮我缓解了压力。但这只是暂时的，钱的问题每天都在困扰我。"当我问德里克失业是否影响了他与妻子的关系时，他答道："没有，因为我还能养家。如果我没法养家，恐怕我的婚姻早就出问题了。"埃德则感觉自己的婚姻岌岌可危，随着积蓄日渐减少，他觉得自己离婚姻破裂越来越近。值得注意的是，在埃德、布鲁斯和德里克的叙述中，他们虽然感到生活的痛苦，但并没有怨恨配偶，这表明在他们心中是普遍接受、完全内化且未曾质疑对方对其养家糊口的期望的。

有一个有趣的反转案例，它进一步突显了人们对家庭成员性别角色的刻板印象，即男性常被期望成为家庭的经济支柱。斯泰西描述了她在失业后为何对她那工作努力但收入不高的丈夫心生不满："我一直是家里的主要经济支柱，这在我们刚开始交往时并不是问题。我接受自己作为高薪职场人的角色，而他贡献较少，这对我们来说都是可以接受的。但现在，我真的非常后悔自己当初选择了这样的伴侣。”只要斯泰西还能保持高薪工作，她作为家庭主要经济支柱的身份就毫无问题。然而，在她失业后，她便难以接受丈夫相对较低的收入。这是唯一一个由失业求职者而非其配偶表达出的对配偶养家糊口能力感到失望的案例，但它符合男性在养家糊口方面被寄予更高期望的普遍现象。

交织的命运：“我的遭遇也是她的遭遇”

婚姻中的失望情感是双向的。当婚姻中的一方因配偶失业无法养家糊口而感到失望时，失业的一方则会因配偶的不理解、无法共情或无法体恤自己的失业困境而感到沮丧。在所有关系中，婚姻被寄予最深切的相互理解与情感支持的期望，然而，这种期望常常落空。以米歇尔为例，她如此描述丈夫对她失业的反应：

> 我们的关系并非坚如磐石，也缺少足够的相互支持。他本身并不热爱自己的工作，甚至也想辞职。他不理解我为何时常抱怨失业的境遇，不明白我为何不能享受没有工作的时光，为何不外出做些有趣的事，充分利用这段空

闲时间。因此，我认为他并不了解我，无法理解我此刻的心境。

与米歇尔的经历相似，布赖恩也提到他的妻子“知道我正在经历什么，但实际上并未真正理解我的处境”。这些访谈揭示了一个挑战，那就是在婚姻关系中，不仅需要了解，更需要真正理解失业配偶所经历的困境。正如布赖恩所言，这种挑战缘于已婚夫妇在财务、情感以及家庭生活的各个方面盘根错节的关系。当道格深入剖析他与妻子讨论失业和寻求情感支持为何这么困难时，他敏锐地说：与朋友相处时，他们“能更直接地表达同情，并且不存在经济关系的压力”，而他的妻子则不然，“我们在经济上是紧密相连的……当我遭遇困境，她同样会受到影响”。[4]

道格的话深刻地揭示了求职者的配偶与其求职结果、方向和努力有重大利害关系，很难扮演纯粹地支持、理解的角色。求职者与其配偶之间紧密交织的生活，以及他们对结果的共同关切，经常使得配偶不自主地介入求职者的求职过程，并提出某些策略或发展方向，而这在求职者看来，会变成压力、评判，甚至批评，而非他们渴望得到的理解。

例如，我的失业受访者面临一个艰难的决策：是否接受，以及何时接受一份非专业的临时工作来支付家庭账单。虽然这样的工作能带来一定收入，减轻个人孤独感，并可能带来一些成就感，但它无疑会分散求职者寻找专业工作的精力和时间，甚至可能损害他们的专业身份，成为一个陷阱。在理想情况下，在做出这一艰难决策时，求职者应该得到自己配偶的支持，但遗憾的是，这样的交流往往会充满压力。

以辛西娅为例，她曾是一家非营利组织的负责人，现在正在申请非营利组织的相关职位。然而，她的丈夫很难理解她的求职困境，反而不断催促她接受一份零售企业的临时工作：

> 他总是不停地问："你为什么不去 Trader Joe's（美国连锁超市）找份工作？"……我试图找到一个合适的平衡点——那份工作或许并非我梦寐以求的，但我只是希望能找到一份足够让我满意的工作。最让我头疼的是如何做出决定并坚持下去。我的丈夫曾对我说："你打算这样坚持多久？你打算什么时候放弃？"每当他这样问我时，我都无言以对。

在辛西娅努力寻找工作并做出重要决策的过程中，她丈夫的建议和质问不但没有给予帮助，反而给她增添了额外的压力和苦恼。

蒂姆的妻子也积极参与了他的求职过程，但她的态度与蒂姆截然相反。蒂姆认为先找一个起点较低的职位，再逐步上升是最佳方案，但他的妻子坚决反对：

“天哪，那个职位太低了。”她不想让我接受。她认为我接受一个薪水较低的职位，会让我们的前景黯淡无光。我觉得我的眼光更为长远，更看重5年或10年后我能达到的高度，而她更看重眼前的利益，只关心我现在能赚多少钱。

失业者的配偶不仅关注对方申请的职位类型，也会关注他们的求职努力程度。失业者的配偶可能会因失业者的负面情绪而感到沮丧，这使得情感支持变得复杂，甚至可能导致失业者降低自己的求职强度。[5]桑德拉和她的丈夫都长期失业，但桑德拉觉得自己在求职这件事上比丈夫更加努力，这引发了他们婚姻中严重的矛盾：“我觉得我比他更有斗志，所以每当看到他轻易放弃，不积极求职时，真的很难接受。这让我很难保持耐心。我对丈夫的放弃感到愤怒。他在这件事上缺乏韧性，有时我在家会感到非常孤独。”这种难以完全理解和共情对方困境的情况并不罕见——桑德拉并不是唯一一个在婚姻中因失业而感到孤独的求职者。

“不工作就得多帮她干活”

夫妻之间不仅在财务上紧密相连，在家务劳动上更是相互交织，而这往往成为情感支持的绊脚石。理查德失业两年，一直在找工作。求职的屡次失败和无效的社交活动已给他带来沉重的情绪负担，他坦言："即使待在家中，我也提不起劲。我时常感到情绪低落，连修车、翻新家具等需要我去做的事都无力去做。这让我感到十分压抑。"理查德的妻子因他未能承担更多家务而心生不满，这进一步加剧了他们婚姻中的紧张关系。桑德拉的婚姻也面临类似的困境。她和丈夫都长期失业，但她觉得自己在努力维持家庭的日常运转，而丈夫"不愿主动帮忙，我也无法强迫他参与家务"。为此，桑德拉感到非常沮丧，她觉得自己花在家务上的时间，本可以用来找工作。[6] 从表面上看，期望没有收入的失业配偶能多做些家务似乎合情合理。然而，从失业者的角度出发，这种期望可能会让他们觉得配偶不理解找工作的疲惫与失业带来的情绪压力。瑞安谈到了他妻子期望他多做家务，但他对此有自己的苦衷：

> 她可能觉得我什么也没做，但找工作远不止每周 40 小时的工作量。你必须时刻准备着——这就是压力。如果你是一个有家庭的人，这种压力就更大了。从财务角度来看，这给你带来了很多需要应对的压力。我的妻子说："你做得太少了。"怎么会这样？我已经尽力做了。这话太伤人了。

家务劳动的分工问题也可能以其他方式表现出来。夫妻中失业的一方如果承担了大部分家务，可能会担心工作的配偶已经习惯了这种新的劳动分工，而不那么关心和支持失业的一方找工作的事了。艾丽西亚表示，她的经济状况还不错，因为她丈夫是一家金融机构的程序员，收入颇丰。鉴于没有经济压力，艾丽西亚发现她的丈夫似乎更喜欢她失业的状态，“当然，他喜欢我不去工作，待在家里，因为我通常会花时间做饭、装饰房间，让家里更舒适”。罗纳德的妻子似乎也享受罗纳德失业在家并承担更多家务的状态，尽管他们经济上并不宽裕：

> 我有很多空闲时间来做家庭主夫，替我妻子处理很多家庭琐事。我负责购物、做饭、打扫卫生。我还负责接送女儿上下学。我所做的这些事情会让我妻子心里多少有些担心：“如果罗纳德找到全职工作，就必须去上班，那么我现在不用做的那些事，以后就又得由我自己来做了。”我知道她常常觉得自己的全职工作已经耗尽了精力。她不喜欢失业给我带来的挑战和情绪压力。但我想，对她来说，我不工作也是件好事。她很享受这种状态。

在倾听我的采访对象的表述时，我们不难发现，夫妻之间无论哪一方承担的家务有多少，他们的生活都是紧密交织的，这使配偶在很多时候难以扮演一个纯粹的情感支持者角色。因为这个角色要求他们必须去倾听、理解，并同情自己的另一半在求职过程中所经历的复杂情绪危机和污名化经历，这正如之前章节所讨论过的那样。

然而，具有讽刺意味的是，从配偶那里获得有效的情感支持并不简单。因为配偶对失业求职者的福祉有深厚的情感投入，这使得他们在听到另一半的痛苦经历时，内心难以承受。内森在求职过程中就经历了这样的情感波折，他曾对多个职位寄予厚望，认为自己非常适合，但经历了多次面试后，最终失望而归。他坦言："我曾多次对某个职位寄予厚望，认为自己非常符合该职位的要求，并为此参加了多次面试，但最终还是落选了。在这之后的一段时间，我陷入沮丧期，情绪非常低落。"遗憾的是，在这些最艰难的时刻，内森的配偶却没能给予他所需的情感支持：

> 我的妻子总是倾向于一种解决问题的模式，比如，她会说，"哦，你就这样做，那样做"。这与我需要的那种支持相去甚远，我渴望的是她能理解我在面对拒绝时的痛楚，并说："这很正常，没关系，你感到失望是很正常的。"她无法以支持我的方式真正体会我的情绪，这伤害了我们的关系。她不想看到我痛苦，因为这也会让她感到痛苦，所以她总是问："我们要怎么做才能尽快让你不再痛苦？"但那时我真正需要的并非这些。我需要的是自我消化这种情绪，并得到情绪上的认同："是的，这很令人失望。"

内森将他与妻子之间这种令人失望的交流与接受本书采访的经历进行了对比："你和我谈论这个问题的方式与我妻子截然不同。你在提问，你在倾听。我可以自由地表达我的情绪，而你不会急于给我建议，'你应该这样做，你应该那样做'。"当然，对我来说，保持冷静和倾听要比他的妻子容易得多。

"我们共同面对困境"

尽管困难重重，有些已婚的夫妻仍然为对方提供坚定的支持。他们的婚姻究竟有何特别之处？其中最显著的共同点在于夫妻双方都经历过长期失业的困境。

阿伦的经历便是这类婚姻的一个典型代表。她的丈夫在职业生涯早期也经历过长期失业，阿伦回忆道："我丈夫非常理解我的处境。大约10年前，他自己也有过相似的经历。那时他的经济压力比我还要大。自从我失业后，他一直非常理解我。"此外，阿伦的丈夫也对自己当前的工作感到不满，正在寻找新的机会，因此两人都处在求职的过程中，"我理解他对工作的沮丧和无奈。我们能真正地彼此共情。我为他提供求职建议，帮他整理简历，而他则给予我持续前进的动力"。

这种共同经历让夫妻更能理解失业的配偶所面临的挑战，这有助于婚姻关系的稳定。在某些情况下，这些共同的经历也让失业求职者更加深刻地理解自己的配偶过去曾面对的困境。例如，布伦达描述她的婚姻充满相互支持："我们能够共同面对恐惧，并在此过程中建立起坚不可摧的纽带。我们共同抵御了来自各方的无理攻击，这对我来说是极大的慰藉。"布伦达表示，她失业的经历让她更能理解丈夫过去的挣扎与应对，进而巩固了他们的婚姻关系：

> 我结婚已近30年，但失业之前，我们的婚姻关系已很紧张。这主要源于我们在志向和努力上的差异。我有远大的志向并积极行动，而我的丈夫虽然怀揣梦想和抱负，却并未像我那样付诸实践。然而，令人意外的是，失业后，我们之间的关系反而有所缓和。其中一个原因是，我现在能真切体会到那种渴望工作、深知自己能力出众却仍被忽视、低估，最终无法找到工作的滋味。这恰恰是他多年来所经历的，自从他步入40岁起便如此。他是一位非裔美国人，是行业内的先行者，也是技术迷，但由于年龄偏大，且是少数族裔，他始终无法在自己擅长的领域找到一份工作。

如今，布伦达的失业经历让她能以新的视角理解丈夫过去的挣扎，并发现那并非仅仅是"志向和努力上的差异"，更多的是因为年龄和种族等外部因素所造成的障碍。这种认识加深了他们之间的情感联系。同样，劳拉的故事也体现了这一点。她得到了配偶的坚定支持，并发现失业“在某种程度上反而拉近了我们的距离”。在这段经历中，劳拉和丈夫共同修复了过去两人因养家期望而造成的紧张关系——这些期望是她丈夫强加于自己并内化的。劳拉解释说：

> 我们共同经历了失业、失去房子和退休金的困境，这些挑战让我们更加团结。我们携手面对困难，共同解决问题，共同承受泪水。在某种程度上，这对我的丈夫来说是一次成长的机会，因为我一直是家里的经济支柱。他全职照顾孩子 18 年，现在他在医院工作，虽然每周只能带回家大约 450 美元，但我们靠这些钱生活得很好。他感到自己的付出是至关重要的，这对他来说是一种积极的改变。

在那些夫妻二人积极面对失业挑战，使婚姻变得更加牢固的案例中，配偶们往往表达了对对方贡献的深切感激。那些因养家糊口和家务劳动分工而导致的夫妻间的紧张关系，其根源是夫妻双方都希望对方能为家做出贡献，或者至少尽力去做。尽管大多数夫妻的贡献是具体可见的，但在一个特殊的案例中，贡献的形式仅仅是配偶的陪伴。史蒂文的妻子明确地告诉他，即使他没有赚钱，但能花时间陪伴她，就让她感到幸福。这种解释让史蒂文有了特别的体验，他看到了自己独立于职业和家务劳动之外的价值：

> 我的妻子给予了我最完美的支持，这让我感到无比欣慰。当我整日无所事事时，我会陷入自责，觉得自己毫无用处。但我的妻子总是说："你已经尽力了，这就足够了。你不必每天都做到完美无缺。"她让我明白，我能够给她的生活带来光彩，这是三年前我所不了解的。尽管我现在没有工作，没有实际的贡献，但我感到自己仍在为这段关系做出贡献。这种认识让我感觉好多了，不再那么内疚。她下班回家看到我时总是很开心，这本身就是我们关系中的一种宝贵贡献。

史蒂文所表达的这种贡献感，不依赖于有偿工作、家务劳动或照顾孩子，而通过陪伴妻子来实现，这既令人鼓舞又十分罕见。长期失业常常给婚姻带来挑战，对许多求职者来说，婚姻并非他们的情感支持来源，而是一个加重失业负面情绪的因素。

这些特殊案例有助于我们理解夫妻共同面对困境的背后动力。这些特殊案例还表明，使夫妻关系紧张的一个重要因素在于人们如何看待长期失业——是将其视为由外部障碍导致的，还是将其归咎于失业的配偶。在之前那些鼓舞人心的案例中，我们看到经历过长期失业的配偶如何在婚姻中减少对失业一方的歧视，同时增强了同理心和对对方处境的理解。但夫妻中的一方即使没经历过类似的困境，在知道除了自己的配偶还有其他人也处于这种困境后，也能减少对失业配偶的苛责。例如，保罗表示，他的妻子指责他在找工作时太过挑剔，并且对必须节衣缩食感到沮丧。不过，保罗解释说，幸好他妻子还认识另一个长期失业的人，这让他好过多了：

当我得知有个远房亲戚大约一年半之前失业时，我觉得这对我很有帮助。这使我的观点更加坚定，即失业并不是一个容易摆脱的困境。我的妻子能够看到，这并不只是我一个人的遭遇。而且，我还有一位朋友也正在为失业而挣扎。他在我失业前一年半就丢了工作，至今还在苦苦奋斗，而且他还比我年轻 10 岁。这些实例进一步佐证了这一点：失业并非只是我一个人的问题。

保罗的故事突显了配偶对失业一方失业原因的理解和预设的重要性，尤其是潜意识里在多大程度上归咎于失业者本人。遗憾的是，许多夫妇并不认识其他长期失业的人。以瑞安为例，令他感到沮丧的是，他的妻子仅失业 4 周就迅速找到了新工作：

她失业了 4 周，但 4 周过后她就找到了新工作。这既是好消息也是坏消息。因为她从未真正经历过长期失业的困境。我的妻子并不理解这一点。

现在，我们暂且不谈婚姻。那么友情呢？友情可能不像婚姻关系那样复杂且充满压力，那么友情可能是获得情感支持和同情的更好途径吗？

友情何去何从

相较于配偶，朋友似乎更易成为强有力的支持来源。朋友间会彼此关心，但与配偶不同，他们不会直接受到对方失业的影响。对那些单身且与家人关系不紧密的失业者来说，朋友可能是他们唯一的潜在支持。对一些受访者来说，友谊确实给予了他们无尽的支持，在失业期间，由于相处时间增多和情感支持的加强，他们与朋友的关系变得更为紧密。然而不幸的是，在长期失业的背景下，友谊变淡的情况更为常见。

为何友谊通常难以实现其应有的支持作用？我的采访表明，当失业者感到孤立无援，最需要社会支持时，一系列与失业紧密相关的可预测因素却矛盾地促使他们主动疏远朋友。同时，我们在这本书中反复提到的污名化，也让失业者的朋友选择与他们保持距离。

让友谊分崩离析的可预见力量

失业带来的远不止收入的损失和核心身份的动摇。它还将导致你的工作伙伴，以及其他朋友和与工作紧密相连的社会联系的丧失。正如丧偶的汤姆所言："对我来说，最艰难的事情之一便是与朝夕相处的同事失联。我怀念他们的声音，怀念我们早上一起花 10 分钟去买咖啡的时光。这真的很让人难受。我怀念同事间的友谊。"像许多 50 多岁的人一样，汤姆在工作之外的朋友圈十分有限。[7] 即使是那些年轻时拥有众多朋友的人，到了五六十岁的年纪，朋友圈也会缩小很多，且更加以工作为中心。戴蒙对此做出了这样的解释：

> 自从结婚以来，我们真正交往的朋友就只剩下我妻子的高中朋友和她的丈夫了。虽然我还和少数几个朋友保持联系，但大部分情况下，人们结婚后，那些和你一起长大的人，就只是互相寄送圣诞贺卡，然后就渐渐失去了联系。

戴蒙希望与老朋友重新取得联系，但鉴于他目前的失业状况，他觉得很难向这些人倾诉自己目前的处境。

许多受访者描述，失业后，职场友谊消失的速度远比他们预想的快得多。鲁比说，直到她失业，她才"真正明白自己的社交圈多么以工作为中心”。令她惊讶的是，工作时的朋友已经淡出了她的生活。她解释说，尽管双方还有联系的意愿，但终究是基于工作的共同点而建立的友谊，所以会随工作消失而逐渐淡化：

> 当你离职时，大家总会说“保持联系”。但现实是，你们通常不会持续联系，因为你们无法再吐槽老板或日常的工作琐事。所以，工作上的伙伴往往不会长久保持联系。即使他们想联系，即使我可能会收到他们发来的圣诞贺卡，或偶尔与他们聚会小酌，但从未与谁保持长久的联系。

即便每个人都想保持联系，但仍有许多可预见的因素会阻碍失业者与前同事继续维持友谊。其中一个关键因素就是彼此缺乏自然的互动。过去在工作中或短暂休息时不断加深的友谊，如今却要刻意地付出努力和规划才能延续。由于美国人的工作时间通常很长，许多人发现与以前的工作伙伴保持联系变得困难重重，正如玛丽所说，他们似乎总是疲惫不堪。[8]

另一个导致朋友间疏远的因素是失业者与过去的工作伙伴的共同话题大幅减少。鲁比深有感触地说：“你再也不能吐槽老板了。”许多受访者都意识到，职场友谊往往建立在工作场所的八卦或抱怨之上，当这些共同话题消失时，此类友谊就会迅速消失。伊丽莎白也认同这一观点，即使是曾经亲密的同事，也会发生这种情况：

> 一旦你不再工作，即使是与你关系紧密的同事，你们的共同话题也会越来越少。因此，即使是那些曾经非常要好的朋友，你们现在也没有太多共同话题了。当你们一起出去喝酒时，再也无法像以前那样畅聊八卦。我真的很想念有些朋友，但我们之间的联系已经断了。大家都忙于自己的生活，而我们的友谊原本就是建立在工作基础上的，尽管我们也聊过家庭和其他话题。

缺乏自然的互动和基于工作的共同话题，只是导致职场友谊难以持续的两个可预见因素。而另一个对所有友谊都构成威胁的关键因素是金钱问题，无论这些友谊是否基于工作。

钱、钱、钱

在谈论婚姻时，我们不难发现金钱是引起关系紧张的关键所在，因为夫妻在财务问题上是紧密相连的。在友情中，尽管朋友之间通常不会在经济上相互依赖，但手头拮据却同样扮演着破坏友谊的核心角色。朋友间的聚会通常发生在外面，无论是外出用餐、喝酒还是参加其他活动，都需要一定的余钱来支撑花销，而这正是失业者拿不出的。邀请朋友到家里做客当然是一种选择，但许多基于工作的朋友关系还未达到那样的亲密程度。再者，如果某人有配偶、孩子，或有同住的室友，或与父母同住，那么在家里见面可能无法单独深入交谈。

囊中羞涩让失业者不得不与朋友保持距离。伊丽莎白解释说，她尽量避免与朋友见面，以避免尴尬的情况：

> 我没有钱出去吃饭。如果有人说“我们去吃饭吧”，我只能拒绝。这让我感到有些尴尬，因为我不想直接说我没有钱。而有时朋友会说“哦，我来买单”，但我也不希望他们这么说。

安东尼曾和朋友一起外出用餐，但这样的经历他不太可能有第二次了：

> 在餐厅或其他场合，我总是暗自担忧：“唉，但愿这次的花销不会太高。”而我那些依然在职的朋友可能根本不会为这种事操心，就像我以前那样。

伊丽莎白不想让朋友为她买单。安东尼默默担忧账单的金额，却不会直接向朋友提及。这些迹象表明，金钱问题不仅是能否负担得起与朋友外出开销的问题，更涉及个人的身份认同——失业者无法再展现的身份。[9] 例如，入不敷出让桑德拉难以维持她原来慷慨的社会形象："我向来喜欢慷慨待人，但现在我做不到了。"入不敷出也削弱了友谊中那种基于相似性和共同点的纽带。妮科尔的一群朋友喜欢一起去旅行，但妮科尔现在无法负担这样的开销。更糟糕的是，即便在本地聚会，她也难以融入，因为"他们谈论的旅行地我没去过"。即使大多数时间里，妮科尔的朋友并没有进行高消费活动，但她无法参与集体旅行就意味着她错过了关键的增进感情的时刻，所以感到自己像个局外人。这让她显得不合时宜。或者，正如丹尼尔所说，不能像朋友那样自由花钱，让他觉得自己格格不入。

> 在你开始精打细算花每一分钱时，许多其他的事情也会悄然发生变化。你会渐渐感到自己有些孤独，仿佛成了一个异类。这种感觉并不好受。当你的生活变得艰难，无法维持基本生活需求时，还要面对社会上普遍的富裕现象，处境就变得更加难堪。社会上有诸多既定的标准，当你无法达到这些标准时，你可能会感到："唉，我真是够奇怪的了。"

在你陷入连基本生活都负担不起的境地之前，你会发现自己已经很难保持原本与他人相处时的样子。丹尼尔的话表明，除了物质层面上表现出的经济挣扎——支付基本账单，还存在另一个层面的挣扎，那就是无法达到他所说的，为了维持社会归属感所必需的预期消费标准。

从宏观角度看，长期失业导致的社交资金匮乏，只是干扰朋友间共同喜好的原因之一。朋友间共同的经历，如共同面对烦人的上司、共进晚餐和共同旅行等能增进彼此的感情，但典型的失业经历（伴随着财务和情绪压力）往往无法与朋友分享。而这种人生经历的差异会在朋友间形成一道难以逾越的鸿沟，即使曾经亲密的友谊也难以弥合。许多长期失业的受访者在谈及这种日益加剧的隔阂时，直言朋友无法感同身受，他们开始觉得自己与朋友们不同，用丹尼尔的话来说就是，觉得自己“像一个奇怪的生物”。[10]

失业的求职者不仅觉得自己与老朋友不同，更觉得自己比不上他们。社交活动常常让人不自觉地将自己的现状与朋友们的相比较，鉴于失业者正在经历财务、情绪以及婚姻上的重重困境，这样的比较往往使他们情绪低落。约瑟夫坦言：“我确实减少了社交活动。我会对比自己与朋友们的生活状态，并感到不适。他们中有的人是副总裁、董事、医生等。因此，我往往不太愿意频繁社交。”[11] 正如我们在上一章所看到的，身份认同的一个重要元素是人们对职业成功的认知，而社交活动往往会突显职业生涯的差异。史蒂文这样描述道：

> 我逐渐疏远了很多人。作为一个失业者，我并无太多

> 外出社交的欲望。我不再与人聚会，实际上，我放弃了一些人际往来。这一切都与我身份的变化有关。我曾为自己过去的工作感到自豪。但现在，我并不太满意自己的现状。这很艰难。当你周围的大多数人都在正常工作，而你却没有工作时，外出与人交往和建立关系并不是一件容易、舒适的事情。我必须承认，许多亲密的朋友与我逐渐疏远，这很大程度上是因为我自己。

我们可以感受到这种内在的污名化。是史蒂文将自己描述为一个无法融入社会的人，而不是某个招聘者这样说，他的这种感受导致他在社交上退缩。同样，道格也说自己“不太擅长维持友谊”，因为他“感觉自己失去了原有的位置，他常常觉得自己没什么可聊的”。道格的疑虑，以及不知道自己能聊什么，都表明他在与他人交往时，在很大程度上依赖自己的工作身份。这种身份认同的丧失（以及与之相关的羞耻感）让德博拉采取了极端的做法，甚至不让朋友们知道她仍在失业：

> 几乎无人知晓我生活在谎言之中。我的写作工作其实是志愿性质的，我的简历和领英个人资料也刻意回避了这一事实。这给我带来了极大的压力。我从未想过自己会沦落到这般田地。我曾就读于竞争激烈的名校，又在另一所顶尖学府获得硕士学位，拥有过一份好工作，如今却生活

在贫困边缘，不得不依靠母亲和政府的帮助。我大学及研究生时期的朋友或熟人都已经远远超过了我。我内心的某个部分觉得自己不配活着。这种压力几乎无时无刻不在折磨我，它不断地消耗着我的自尊，让我对建立人际关系网感到抵触，因为我总觉得自己“低人一等”。

我与许多人交谈过，他们同样承受着内在污名化和低人一等的痛苦，这也是德博拉选择向朋友隐瞒自己的失业状态、减少社交活动的原因。但更为糟糕的是，在我们最需要友谊的时候，有一种强大的外部力量在破坏它。这就是本书每一章都会提到的力量——污名。

朋友间的污名

失业污名无处不在，它在各种情境中悄然显现，将失业者视为有潜在缺陷或应为个人失业负全责的对象。我们观察到，无论是招聘者、人际关系网中的联系人、配偶的反应，还是个人对自身的看法，都笼罩在这种污名的阴影下。而更为常见的是，许多受访者也感受到来自朋友的污名化。尽管只在少数情况下这种污名才被明确且直接地表达出来，如布伦达被一位朋友直呼为“失败者”。更多的时候，它以更为隐晦的方式呈现——朋友间尴尬的问题、不问自来的建议、刻意的沉默以及微妙的疏远。这些都悄然间侵蚀着友谊的根基。

朋友为何会污名化他们的朋友？这背后除了美国盛行的优绩制度神话以及与之相关的失业即个人失败的观念，还隐藏着更深层的原因。当一个与自己相似的人遭遇失业时，人们往往会因此担忧自己的工作保障。为了平复这种担忧，人们可能会想象自己该如何避免陷入长期失业的困境，或如何找到出路。然而，这种想象无形中将失业者视为"异类"和"低人一等的"。[12] 人们很轻易地认为：无论你想做什么就应该去做，而现在看来，你显然什么也没有做。这种对失业者责任的隐性认定，无疑破坏了人与人之间的关系和联系。莎伦描述了她的一位亲密朋友突然消失的经历：

> 我对朋友给予我的支持如此之少感到惊讶，尤其是那位我曾经视为最亲密伙伴的朋友。在我失业之初，她曾给予我一些帮助。然而，不到6个月后，她就像从人间蒸发了一般。我们之间的友谊持续了多年，关系远超工作层面，我们曾是无话不谈的朋友。然而，在我最需要陪伴的时候，她却消失了。我不确定她是不是因为无法面对我的处境。

当我向莎伦询问她的朋友为何疏远她时，她根据与其他朋友的相处经历道出了自己的直觉猜想：

我的一些朋友似乎抱有这样的态度："你可是哈佛毕业的，能有什么问题？我实在不想听这些抱怨了。"我的困境对他们来说就像传染病，他们不想听，因为担心会"传染"给他们，仿佛他们可能成为下一个失业的人。他们觉得如果跟我交流，这种不幸就会传染给他们。

莎伦将自己被当作"传染病患者"对待的经历描述为污名的典型特征。[13] 人们认为失业可能会"传染"，就像一种疾病一样，这清楚地表明失业者身上存在某种问题——这种问题是可怕的、具有传染性的，因此最好避而远之。和莎伦一样，桑德拉也感受到她的朋友害怕"感染"她身上的某种不幸：

多年的老朋友未曾经历这些，所以无法理解我，甚至感觉受到了某种"威胁"。我听过一些婚姻失败的人说，人们往往会疏远他们，因为感觉婚姻失败像一种传染病。因此，我认为人们也会这样看待失业者，比如，"她身上一定有问题"……我认为有工作的人会觉得你找工作不够努力，或者你自身一定存在什么问题。这种观念确实让人有危机感。

朋友们的疑虑往往揭示了他们对失业者自身存在问题的预设。我询问谢里尔是否会和朋友公开谈论她的这些艰难的经历：

我真的不太愿意谈论这些。这对我来说是个难题。我生活中的大部分朋友并没有经历过这样的困境，所以他们很难真正理解我的处境。当我告诉他们我一年内申请了超过 100 份工作时，他们总是惊讶地问："真的吗？"他们很难相信。此时我仿佛听到他们在说："你为什么找不到工作？我们无法理解。你上过大学，背景如此优秀。我们已经工作二三十年了，不明白你为什么找不到工作。"有些朋友甚至在我 4 岁时就认识我，但他们也会说："你以前总能找到工作，现在是怎么了？也许你真的不够努力。我们知道你有时感到沮丧，但你每天都出去找工作了吗？"我回答："是的，我每天都在找工作！"然后我会深吸一口气，告诉自己："好吧，他们真的不理解。"

莎伦和谢里尔的朋友似乎固执地坚守着一个观念——只要上了大学，特别是名牌大学，就能轻松找到一份好工作。然而，从他们与自己亲密朋友的相处经历中可以看出，事实并非如此。在谢里尔与她这位从 4 岁就相识的朋友的经历中，我们不难发现，有些人倾向于将失业归咎于失业者的个人失败，从而对其进行污名化。

朋友们带着负面评判的建议往往令人如鲠在喉。妮科尔曾这样描述："有时我得到的只是'严厉的爱'，而那些建议表明他们并没意识到其实我已经在这么做，或者我正在尝试这么做。"莎伦也表达了类似的沮丧，她的朋友会说："如果我被解雇了，我会这么做"或者"如果我是你，我会那样做"。但实际上，她往往会回答："我已经尝试过了，但效果并不好。"这些建议背后往往隐含着这样一个预设：问题在于失业者本身，以及他们的错误行动或不作为，而不是缘于某种更宏观的因素，比如雇主的偏见，以及在美国不稳定的资本主义体系中，优质稳定的工作机会在日渐减少。

朋友们或许会自我安慰般地设想，若是自己遭遇失业，只要采取这样或那样的策略，就一定能脱困。然而，这种建议往往让失业者感受到被轻视和评判。拉里对此深有感触：

> 在聚会上，他们总是告诉我："你应该这样那样。"说真的，我只想回一句："拜托，少管我。"我甚至开始害怕节假日。我实在受不了那些追问和怀疑。你们能理解吗？他们总是说，"你应该……"或者"你这样做不对"。这些建议似乎在暗示，我不知道该如何找工作，不知道自己在做什么。这真的让人疲惫不堪，毫无意义，简直要把我逼疯。但如果有人能说："我有个同事在这家公司工作，我可以帮你联系他。"情况就完全不同了。遗憾的是，从未有人这样说过。

拉里的这段话道出了许多受访者得到朋友的建议后的感受，这些建议本质上是在表达失业是因为失业者没有正确地寻找工作机会，错在他们自己。

当朋友无法理解失业者并与之产生共鸣时，友谊便会转化为痛苦的源头。不论是朋友频繁提问、给出不必要的建议，还是他们对失业这个敏感话题保持沉默，都让人倍感不适。那些不必要的建议与沉默形成鲜明对比，前者似乎暗示只要失业者按照某种方式行事，问题就会迎刃而解；而后者则假装问题根本不存在。以下是两位受访者——54 岁的大学行政人员兰斯和 62 岁的药剂师萨姆，在一对一的访谈中分享的他们与朋友交往的经历：

> **兰斯**：我觉得我的朋友们大多选择了沉默。他们偶尔会问及我的近况，但也仅限于此。
>
> **萨姆**：我曾与一个住在同一条街上的朋友一同观看冰球赛。他甚至连我是否在找工作都没有问起。我想他是出于礼貌，所以选择回避这个话题。

然而，这种沉默常常被视为一种消极的评判。萨姆坦言：“由于他们避而不谈我的就业状况，我内心便不断猜测他们是否在背后议论我。因此，我会刻意避免与他们接触。”

简言之，无论是得到不必要的建议还是面对尴尬的沉默，失业求职者总能感受到朋友对其失业状态的评判或不安，这反过来又使两者间的关系变得微妙。贾妮斯直白地说："人们在我身边不知该对我失业的情况做出何种反应时，总会让我感到不知所措。"

最终，朋友对失业者的不安反应和污名化标签使他们逐渐疏远。站在朋友的角度看，他们很难把握何时询问失业一方的求职进展，何时保持沉默，何时提议一些轻松的活动，或何时为对方留出分享沉重心情的空间。与失业的朋友交谈并没有明确的指南或易于参考的模板。

在上述某些案例中，朋友选择了疏远失业者。而在其他情况下，失业带来的污名化和尴尬感，使得失业者主动选择疏离，不再与朋友谈论自己的失业问题，或者完全中断与朋友的联系。金伯莉坦言："无论出于什么原因，我总觉得与人相处时不太自在。具体原因我也说不清。"过去，金伯莉曾在《圣经》学习小组中获得支持和慰藉。然而，由于害怕受到负面评价，她不再与小组成员分享自己的困境：

> 一段时间过后，我发现自己无法再向别人倾诉。两年过去了，我对自己感到非常沮丧。我不再谈论关于求职的事情，而朋友们也从未主动询问。他们中除了一个自己创业的人，其余都拥有稳定的工作，且事业有成。当有人提到失业的话题时，我感到很不舒服。

苏珊的情况则更为极端，她不再与朋友见面：“这种感觉难以言喻。我宁愿独自散步，也不愿与人打交道。因为我不希望他们问起我的近况。”

在遭受评判和污名化的双重压力下，许多失业求职者正处于最孤立无援、最需要朋友的时候，他们的友谊却逐渐减弱。深入探究这一现象，我发现除了导致友谊衰减的其他因素外，有一个关键的因素是人们对“友谊”这一概念本身的看法。

友谊的意义

失业求职者普遍期望从配偶那里获得坚定的情感支持，但并不是所有人都对朋友抱有这样的期望。

我的一些受访者表示，他们认为朋友是那些与你一起享受乐趣的人，因此与朋友交往需要一定的精力，而这种精力在长期失业状态下可能会变得匮乏。例如，莎伦渴望拥有更丰富的社交生活，但她哀叹道：“我只是没有精力去做。”金伯莉也有同感：

> 我现在精力大不如前，时常感到自己快要撑不住了，我要同时应对来自儿子、财务和家务的重重压力。有时我甚至不想开口说话。不过，在求职的过程中，我结识了

一些新朋友，我们因为有共同的经历而建立了联系。然而，也有一些人和我缺乏共同话题。有些是老朋友，我们已经许久未联系，因为他们并不理解我的处境。有些人从未经历过失业或生活上的挣扎，与他们相处让我感到不太自在，可能是因为缺乏共鸣。

金伯莉表示愈发难以与不理解自己处境的老朋友保持联系，但她依然能够与其他求职者建立联系。这表明并非所有的友谊都会让人感到疲惫。那些能够理解并支持自己的朋友，实际上可能会成为我们力量的源泉。然而，遗憾的是，我们常常认为大多数友谊都需要精力去维系，而失业求职者的精力略显不足。

但是，为什么友谊常常被视为像工作一样消耗精力呢？深入探究后，我们发现其中暗藏着一个隐性期待：与朋友交往需要展现积极的自我形象。史蒂文清晰地表达了这一观点：

史蒂文：当你出门在外时，你不能告诉别人你真实的想法。你是在社交。大多数情况下，人们在社交时都会展现自己最好的一面。这是你的高光时刻。然而当你没有心情展现自己积极的一面时，尤其是被要求积极向上时，你做何感受，你明白我的意思吗？

我：我明白。这就是为什么我问的是亲密的朋友。你觉得在亲密的朋友中，如果你完全坦陈自己的想法，会得到负面的反馈吗？

史蒂文：我认为，无论何时你分享自己的想法，如果它总是那么消极，那么它在任何关系中都会产生负面的影响。

然而，史蒂文也提到，在他的经验中，社交互动并不总是需要刻意保持积极状态。当他参加专为失业者举办的互助活动时，情况便截然不同："那里的人境遇相似，这在某种程度上让我感到解脱，因为无须伪装。"在本书第6章中，我们将深入探讨失业求职者在与自己境遇相似的人群中能够获得非同寻常的支持和联系。如果他们有幸在一个富有鼓励和支持性联系的环境中遇到这样的同伴，他们将会发现这种支持和联系的程度异常深厚。

确实，有这样一个普遍的预设（在我的一些男性受访者中尤为明显[14]）：朋友是用来分享快乐时光的，他们往往无法或不愿长时间陪伴失业者消化不愉快的情绪。[15]持有这种观点的男性表示，分享这种艰难的情感会触及友谊中那些不言而喻的界限。以下是我与拉里之间的对话：

拉里：我尽量避免和朋友有过多交谈。

我：你觉得是什么阻止了你和好朋友分享你目前的真实状况呢？

拉里：这可能与所分享的内容的可接受度有关。我觉得朋友之间有一条隐形的界限。你不会深入讨论情感问题。可能和朋友谈论困境在某种程度上也是个禁忌。

受访者还反映，当他们自己变得无趣或不快乐时，他们会感到朋友在渐渐疏远自己。理查德说："如果你没有什么有趣的事情可分享，人们就不太愿意和你一起吃午餐。"桑德拉也说，她与一位相识了 10 年的朋友基本上结束了朋友关系，因为她没有什么积极的事情可以与之分享了，她不再是一个有趣的朋友了。

鉴于许多失业者正在经历情绪低潮期，若期待他们在社交互动中表现得有趣或有吸引力，就意味着他们要么选择疏远朋友，要么进行浅尝辄止的交流并隐藏自己的负面情绪。社交需要一种能量输出，但正如之前所讨论的，像金伯莉和莎伦这样的求职者说自己没有这样的能量。另一些人，如桑德拉和理查德，则选择性地与朋友分享。桑德拉解释说，在失去了一段亲密的友谊后，她现在与人交谈时非常谨慎，因为没人愿意听她的这些经历。一开始，人们都很同情她，但过了一年就厌烦了。

理查德也说，他并不愿意和朋友敞开心扉地交谈，因为他觉得"老是讲些沮丧的事情会很扫兴"。理查德的这种态度也影响了他与妻子的关系。他试图在她面前表现得更乐观，因为在他看来，他们的关系"有时很紧张"，其中一个重要原因是“能力不足的感觉并不吸引人……而且表达我的沮丧和悲观，对我们俩来说都不是一个有意思的话题”。因此，桑德拉和理查德虽然试图维持关系，但代价是限制了分享的内容，从而也减少了获得支持的可能性。

对单身且没有家人在身边的失业求职者而言，朋友可能是他们唯一的社交联系人。丹尼尔是一位单身移民，他认为维持他仅有的几个朋友至关重要。但他觉得，只有在他避免谈论自己艰难的失业经历时，这种友谊才可能维持，即使他的朋友们主动邀请他分享自己的经历：

> **丹尼尔：**我失业这件事，绝不能影响我和朋友们的友谊。你看，如果你像只受惊的猫那样四处奔波，试图找到出路，并不会让你看起来更好，反而会让你显得很狼狈。最终，无论人们是否喜欢听你分享经历，无论他们的本性如何，都会倾向于追求快乐和美好的事物。他们不喜欢不快乐，也不想看到那些不那么美好的事情。当你向他们展示那些不太美好的事情时，即使他们表面上接受，内心深处也都不愿意面对。每个人的生活中都有自己的烦恼。这确实是个难题，因为你会因此而孤立自己。但话又说回来，你宁愿选择被孤立并尝试自己解决问题，也不愿因过度倾诉而失去朋友。这是你每天都要谨慎处理的一条微妙的界限。因此，当我和朋友在一起时，我更喜欢只享受彼此相

伴的快乐时光。

我：这么说来，即使是你最亲密的朋友，你也不会直接和他们谈论我们今天讨论的这些话题。

丹尼尔：是的，我不会。失业是个非常沉重的话题。人们可能会用怜悯或居高临下的眼神看着你。这确实是个棘手的问题。

基于自身的经历，丹尼尔认为，即使这样做会导致情感上的孤立，他也只需要向朋友们展示快乐和美好的一面。无论是选择疏远朋友，还是继续与他们见面而不谈及当前生活中最紧迫的问题，结果都是一样的：在经历职业、经济和情感上的动荡时，他们无法从朋友那里获得情感支持，即使是最亲密的朋友。

失业求职者通常接受这些友谊中的边界感，并坚信自己可以解决自身的难题。例如，莫妮卡表示："我不会期待朋友成为我的咨询师或精神支柱。我不指望他人来承担这些，因为我觉得这对他们来说太过沉重。我尽量自己应对。"莫妮卡展现的这种自力更生的态度，正如丹尼尔之前所说的——宁愿被孤立也要尝试自己解决问题，可能在一定程度上维持了友谊，但也让求职者在困境中倍感孤独。同样，我的一些受访者也在与除配偶和子女之外的家庭成员相处时经历了类似的情感孤立。莎伦的案例就是一个很好的例子，她描述了家庭成员如何避免谈及失业带来的负面情绪，她在我们的对话中这样说：

莎伦：我的家人完全不想谈论我失业的事，所以我们总是聊些天气或其他无关紧要的话题，然后他们就会说“哦，我很高兴你还好，那我先挂了”，因为他们不想听到那些不愉快的事情。他们不喜欢面对这个问题。如果他们在电话中感受到或当面看到我情绪低落，只会让我快点振作起来，继续前进。

我：为什么家人在这个艰难的时期没有给你更多的情感支持？

莎伦：我想这就是他们的性格吧。你遇到问题了？那就自己忍着吧。坚持下去，事情总会解决的。

我：他们是不是觉得，只要不去想那些负面情绪，事情就会变好？

莎伦：是的。我祖母常说的一句话很好地概括了这一点：“你就得听天由命，然后祈祷。”好吧，祖母，这对我来说真的没什么帮助，因为听天由命可能意味着我要花光所有积蓄。

就像朋友之间一样，大家庭的成员也期待彼此只展现自己快乐的一面。

正如我们所了解到的，长期的失业状态会使友谊逐渐变得脆弱，这缘于缺少共同话题，承受经济压力，社交比较带来的心理压力，对污名化的感知，以及为了迎合“友谊本该轻松愉快”这一期待。因此，友谊往往难以为长期的失业求职者提供持续的情感支持。

恶性循环与孤立

为了全面了解长期失业者的复杂经历，我们必须审视那些他们难以摆脱的恶性循环。本章所探讨的失业者与配偶和朋友之间的关系困境，产生了两个显著的影响。一方面，求职者往往缺乏必要的支持；另一方面，婚姻和友谊中的危机常常加剧了他们原本沉重的情感困扰，这无疑使他们更难克服求职路上的实际障碍——尤其是在雇主对失业者持有偏见时，以及因失业带来的不快或不安情绪使他人进一步加深对失业者的偏见的情况下。[16]

威廉的故事突显了人际关系中的困难与求职过程中的负面情绪之间的相互强化作用。对威廉来说，失业困境和婚姻危机紧密交织。他的妻子多年来屡次提出离婚，而威廉的失业导致他们之间的矛盾进一步加剧。在求职初期，威廉曾收到一家大公司高层职位的面试邀请：

那是在晚上11点左右，第二天一早我将与一家大公司的首席信息官进行一场至关重要的工作面试。这家公司位列《财富》世界十强，而我将在清晨与他们的C级高管会面。我已做好充分准备，完成了所有前期准备。正当我在晚上11点放松时，我妻子突然冲到我面前，直截了当地说："我们离婚吧，就这样，结束了。"第二天清晨，我驱车前往面试地点，却发现自己很难在面试时集中注意力。最终，我未能获得这份工作。事实上，那次面试进行得相当糟糕……随着离婚程序的推进，我搬出了家，陷入了深深的沮丧，因为我非常依恋我的孩子们，他们似乎也感受到了同样的情绪。这种困境让我倍感艰难。此刻，我正独自坐在公寓里。

许多失业者（无论是已婚还是单身）都在经历这种孤立无援的困境。例如，布赖恩发现与妻子谈论自己的巨大压力异常艰难，他也逐渐与朋友疏远。他这样总结自己的处境："我没有可以倾诉的知心人。"同样，单身的丽莎也感到极度孤独：

我对朋友和家人的反应深感失望。他们无法理解我这几个月来所承受的巨大压力。他们认为我应该能够轻松地找到一份工作。然而，他们既没有给予我任何形式的支持，也没有鼓励我。我逐渐意识到，我实际上在孤军奋战。这种孤立无援的感觉对我的身心健康造成了负面影响。我真的觉得自己的内心空无一人。所有的重担都压在我一个人的肩上，这种孤独感真的让人心痛。

苏珊的话道出了已婚人士和单身人士共同的心声：“很难找到真正理解我和我的生活的人。我不知道，这真的太难了。”

当来自情感、经济、婚姻和职业的危机交织在一起时，获得支持变得至关重要。但什么样的支持是有效的？我们又该去哪里寻求这样的支持？这些问题将是本书第 6 章的核心内容。

第6章

The Stigma Trap

社会学指导
与污名内化的消解

无论翻开本书的哪一章，你都会发现失业所带来的污名是无法回避的。这种污名不仅存在于求职者与招聘者、人际关系网中的联系人、朋友、配偶（这些人大多是我们希望能给予情感支持的人）的交往中，甚至深藏于求职者的内心。然而，我们发现，即使是这些理应提供支持的人，也会时常在无意识中传递和延续失业的污名。在本章中，我将首先解释那些出于好意为求职者提供支持的人如何在无意中传递了这种污名。接着，我将介绍一种更具社会学意义的支持方法——社会学指导，旨在解决我们在本书中一直提及的特定挑战。我们将看到，这种社会学指导的方法有助于缓解长期失业带来的最棘手的问题，包括污名的内化及社交和情感上的孤立。

污名化的支持

为失业者提供的支持，无论来自非营利性职业社群、政府职业中心、营利性再就业服务、私人指导还是畅销书，通常都遵循相似的求职自助模式。这种模式倾向于将失业归结为失业者的策略和态度的问题。其核心在于帮助求职者提升求职技能，如撰写简历和建立人际关系网，并强调积极态度的重要性。在这种方法中，失业所带来的负面情绪往往被视为需排除的干扰因素。求职者若公开表达这些负面情绪，将被视为无益的自怜和消极态度的体现。[1]

在我撰写《有缺陷的系统 / 有缺陷的自我：求职与失业经历》（*Flawed System/Flawed Self: Job Searching and Unemployment Experiences*）一书时，我花一年时间深入研究了加利福尼亚州一家采用这种求职自助模式的支持机构。该书对比了美国和以色列的求职经历。每周，职业发展导师和励志演说家都会向失业求职者传达相似的信息：职业生涯的掌控权在自己手里。例如，一位演讲者站在失业求职者面前，给出了这样的建议："我们都是自由的个体。如果你从这个角度看待问题，会怎样呢？一切都取决于你，你有选择权。"[2]我时常听到求职者说，这种支持最初是令人鼓舞的——让他们相信只要克服负面情绪并完善简历，就能找到一份好工作。但随着时间的推移，这种信息逐渐演变成了周围污名化声音的又一个回响，实质上是在责备他们自己。

求职自助模式所提供的支持确实遵循了优绩制度神话的核心预设——个人的成就完全取决于其技能和努力，这在无形中暗示了找不到工作完全是求职者的过错。[3] 在我为本书所采访的失业求职者中，那些有过这种支持经历的人无疑感受到了来自外界的指责。比如莎伦的经历就很有代表性：

> 研讨会负责人只是上台给出一些泛泛的建议，比如“你应该这样做，你应该上网发帖，你应该尝试那个”。但当你告诉他们这些并不奏效时，他们就会指责你没有做对。似乎只有一条路径：给出泛泛的建议，如果这些建议对你不起作用，那就一定是你有问题……他们还指责我态度消极。

此外，这样的研讨会让莎伦在情感上更加孤立无援，还剥夺了她与有相似经历的人建立联系的机会：

> 与其他求职者建立联系的一大障碍在于，引导者往往不希望我们谈论过程中的负面情绪和经历。只要提及自己的感受或处境，我们总是被制止。他们以为只谈论积极的事物就是在提供帮助，然而，这在某种程度上加剧了我们的困境。知道自己并不孤单，其实是一种很大的慰藉。

莎伦的经历并非个例。埃里克也描述过接受类似的求职自助团体的帮助的经历，它像过山车一样让他的情绪起伏不定：“他们用那些遥不可及的美好承诺来激发我们的情绪，然而当现实无情地摆在我们面前——没有成功找到工作，而经济压力和家庭压力接踵而至，这些承诺便瞬间破灭。随后，就业安置人员的批评更是让我们倍受打击。”

了解到求职自助模式的支持可能产生反效果，我好奇这种模式的实践者是如何看待他们的方法的——他们肯定不希望在人们处于低谷时雪上加霜。因此，我采访了《你的降落伞是什么颜色？》（*What Color Is Your Parachute?*）一书的作者理查德 · N. 博尔斯。这本书是求职领域的知名自助指南，销量超过 1000 万册，出版了 49 个版本，被誉为“史上最受欢迎的职业生涯建议书”。[4] 在某些求职自助场合，它甚至被誉为“求职者的《圣经》”。该书的核心策略是鼓励求职者首先进行自我评估，明确自己最热衷的职业方向。接着，便是建立人际关系网，并向潜在雇主展示自己的热情。

在采访中，我向博尔斯分享了本书迄今为止的发现，包括失业求职者在求职和网络社交中所面临的污名化问题，并向他寻求建议。他强调了自我反思和态度的重要性：“如果他们能首先进行自我评估，那么你在采访中所提到的那些问题就不会成为问题。人们找不到工作，并非缘于整个就业市场和求职过程的不可改变的框架，而更多地是因为他们求职行为上的差异。”[5] 当我援引研究指出，从个体求职者的视角来看，确实存在“整个就业市场的一些不可改变的框架”，如针对失业者的污名化。博尔斯承认求职者只有部分控制权：

> 你应专注于自己能够控制的部分。也许你能控制的部分只有2%，那就在这上面下功夫。一旦你明确了哪些部分在你掌控之中并尝试去改变，有时会产生蝴蝶效应，这些细微的改变能为个人成功带来巨大的转折。

在采访快结束的时候，我询问博尔斯是否还有其他补充。他重申了求职者的控制力的重要性，并将任何关于外部障碍的讨论视为抱怨和自毁行为：

> 多年来，我像你一样听过太多类似的抱怨。我听了这么多年，深知必须找到解决问题的某种途径。如果我们选择为自己生活中的不如意找借口，那么这本身就是一种自我挫败。我们就会成为自己最大的敌人。是决定克服生活中的障碍和挑战，还是选择找借口，这两者之间的差别至关重要。

与博尔斯的这次对话令人深思。当博尔斯被问及外部、系统性的障碍（那些个体无法控制的因素）时，他承认求职者只有部分控制权，甚至只能掌控“2%”。但随后，他重申了求职者控制的前提，这并不是基于实证的声明，而是他认为的一种“有用的虚构”。他表示，过于关注障碍就是在找借口，这并不能激励我们战胜障碍。这种认为夸大个人控制力是“有用的虚构”的观点，实际上在美国文化中广泛存在，并超越了政治立场的界限。[6]从总统的演讲，到父母、老师和教练日常对孩子的鼓励中，我们都可以听到这样的声音：“你能行。”[7]至于孩子是否真能做到，似乎并不重要，重要的是通过坚定地告诉他们“能行”，来增强他们的信心和动力。[8]

真的能行吗？有些情境确实属于你不尝试就不知道能不能行的，所以像“你能行！”这类的鼓励有时候是奏效的。然而，在当前的长期失业状态下，过度强调求职者个人的控制力只会扭曲事实，忽视真正的障碍。这种夸大控制力的观念实际上是一种有害的虚构，因为它加剧了污名化现象。当莎伦谈到在支持环境中感受到被指责消极，埃里克谈到受到“不可避免的批评”的打击时，他们都是在描述与那些持有与博尔斯类似观点的职业发展导师的互动，而对方认为求职者只是在抱怨和找借口。虽然夸大控制力可能在某些文化中被视为一种常态，但在失业等类似情况下，它会起反作用，因为它会导致对受害者的苛责，并加剧污名内化的倾向。[9]著名生物学家和神经学家罗伯特·萨波尔斯基（Robert Sapolsky）指出：“当压力源真正严重时，人为营造的控制感是有害的，因为它会诱导人们自责。”[10] 在讨论对癌症患者进行支持的研究时，萨波尔斯基强调：“让患者及其家属相信他们对结果有更多的控制力，实际上是在误导他们，让他们认为疾病是他们自己的错。”[11] 这种自助文化对失业求职者也产生了同样的误导。

对控制力的虚构构成了本书中提到的优绩制度神话的核心。这种对个人控制力的不当预设，让人们相信个人的成就仅仅取决于努力和才能，因此，正如我们从雇主、联系人、朋友和配偶的反应中所观察到的，这最终会导致一个污名化的结论，即失业是失业者自身的过错。在认识到这种神话的弊端后，我不禁思考，如果对求职者的支持措施不是夸大他们的控制力，而是公开承认书中所讨论的污名化和障碍，将会出现怎样的状况。接下来，我将探讨这一点。

社会学支持

为了探讨是否以及如何能在求职者支持中融入对长期失业者背后的污名化和障碍的社会学理解，我与一个由 63 位职业发展导师和顾问所组成的团队展开合作。这些专家同意通过非营利组织 ICT（职业转型研究所），为失业者提供免费支持。关于 ICT 的创立过程，我将在本书的附录中详细叙述。

ICT 提供的支持在两方面与求职自助模式截然不同。首先，它既公开讨论失业求职者所遭遇的污名化和障碍，又确保不夸大求职者的控制力。在与志愿导师的初步交流中，我探讨了过分强调求职者拥有完全控制力的求职自助方法的弊端，并提出ICT 将坦承并应对外部障碍。此外，在 ICT 为求职者所举办的各类支持活动中，我直接分享了关于长期失业者常遇困境的研究发现。这些发现来自我自己和他人的研究。我分享了一些发人深省的研究成果，比如相较于其他条件相似的求职者，失业超过 6 个月的求职者获得雇主回应的概率要低得多。[12] 我向求职者解释，尽管这些研究发现可能令人沮丧，但了解自己所面临的挑战，并理解这些障碍与个人无关，对求职者来说是至关重要的。在这样的聚会上，我时常强调，对求职者来说，比听到雇主的偏见更令人不安的是得不到雇主的任何反馈，这会让他们误以为自己做错了什么或自身存在什么问题。

其次，ICT 支持的另一显著之处在于，它公开探讨了失业给求职者带来的不可避免的负面情绪，并鼓励求职者与职业发展导师分享这些感受。我与志愿导师、求职者深入交流了我的前期研究及其他研究，这些研究揭示了长期失业会为求职者带来情绪起伏，而传统的求职自助支持方法，要求求职者在可能获得帮助的环境中压抑自己的负面情绪，这实际上加剧了他们的污名化和孤独感。因此，在每一次 ICT 的支持活动中，我们都为求职者预留了时间，让他们与同伴分享并讨论失业造成的情绪波动。

ICT 提供的支持形式丰富多样，既有由职业发展导师引导的小型周会，也有为期一至两天的重启训练营，这些活动汇聚了 50～100 名失业求职者。此外，还有一对一的职业指导以及名为“协作实验室”的为期三个月的团体强化项目，参与者每周会面三次。这些支持活动都包含由我直接与参与者讨论失业、污名化、障碍和负面情绪的研究环节。之后，我们采访了接受 ICT 支持的 104 名求职者，深入了解他们的体验。在本章余下的内容中，我们将探讨我从这些访谈中获得的洞见，以及 ICT 提供的社会学支持如何助力失业求职者对抗内化的污名和孤独感。

“当你身处互助团体，你会意识到……自己没有任何问题”

首先，请让我分享一下通过 ICT 为失业求职者提供社会学支持的最大收获：对抗污名内化倾向的最强力量就是与那些与自己处境相似的求职者公开分享自己的经历，在这个过程中大家会有一种同舟共济的感觉。超过一半的受访者都表达了这种感受。莱昂内尔表示，他在小组中公开分享自己的经历后，便对自己所处的境遇有了一种新的认识，这让他感到释然：

在互助团体中，你会渐渐领悟，问题并不出在自己身上。你并没有做错什么。每个人其实都处在相似的境遇中。当你发现其他人也面临同样的困境时，这种支持感真的非常强烈。仅仅是与同样处境的人待在一起，认识到每个人都有各自的困扰、各自的长处和短处，就让人感到非常宽慰。与一群同舟共济的伙伴在一起，这种感受真是——怎么说呢？它让你不再感到自己格格不入。因为当你失业时，会很容易觉得自己有问题，但实际并非如此。

我的许多受访者都分享了这种相似的体验，即他们逐渐意识到问题并不出在自己身上和自身并没有问题。以米歇尔为例，她十分清晰地描述了，她与境遇相似的人相处的经历是如何减轻她的自责的：

那次ICT聚会真的给了我很大的鼓舞，让我确信自己并不孤单。它帮助我重新审视了将自己的困境归咎于职业选择失误的想法。生平第一次，我不再因未完成学业而苛责自己，因为还有许多优秀的参与者也正在经历职业转型期。

与同样处于求职困境的人群相处，让米歇尔对自己的处境有了新的认识，这让她不再纠结于自认为的错误，并停止了自我“鞭笞”。[13]

需要强调的是，这种有助于求职者抵消污名内化的同舟共济的体验，并非仅通过简单的人群聚集就能自然发生。求职者需要得到明确的许可和鼓励，才能坦诚地相互分享心声。正如之前章节所展示的那样，失业的普遍污名使求职者与亲朋好友交流时，也会犹豫，不愿提及自己的困境。人们可能认为，在支持性的环境中，求职者因知道自己是与同样失业的人在一起，所以会感到舒适并愿意主动分享。但实际情况并非如此。失业的污名——更广泛地说，美国社会对分享负面情绪的抵触——是极其强烈的。回想一下，占主导地位的求职自助方式将任何分享负面经历的行为都视为求职者的自怨自艾。这正是大多数 ICT 参与者——包括我的受访者——所习惯的环境。在他们以往参加的聚会、社交活动和求职自助研讨会上，参与者只被鼓励分享积极的情绪。[14]但为了避免被视为博尔斯所说的“找借口”，他们常选择将因被污名化、被孤立和沮丧而带来的痛苦经历深藏心底。他们早已明白，这些负面经历无人愿意倾听。

为了让失业求职者感受到被允许甚至被鼓励去公开讨论他们完整的求职经历，ICT 的支持体系必须确认这些经历的正当性与讨论价值。在这个过程中，一个关键步骤是引导者公开承认，失业求职者常常会感到羞愧，或认为自身存在问题，而社会对他们分享自己负面情绪的漠视可能会给他们造成一种错误且适得其反的印象，即他们是唯一一个有这种感受的人。

在明确了这一点后，接下来便是求职者在小组中分享他们未经粉饰的失业经历。为了理解这一步对他们的意义，让我们回看一下本书第 4 章中史蒂文的案例。史蒂文因长期失业而深感羞愧，以至在工作时间都不敢去取邮件，生怕被邻居发现他大白天不上班。正如他所说的，“感觉自己失业的状况暴露无遗”。史蒂文首次谈及这种羞耻感并非是在我的采访中，而是在一次 ICT 聚会上：

> ICT 将羞耻感摆上了桌面，成为讨论的主题。我记得和巴里（参与同伴）交谈时，他身穿西装，看起来是现场最得体的人。他谈论起羞耻感，其他人也纷纷加入讨论。那一刻，我感到震惊：“等等，我好像从没和别人聊过这么多。”他们所经历的感受，比如我们如何被视作无价值的人，深深触动了我。所以，当听到这些时，我就像在说：“我感到好奇。请多告诉我一些，请告诉我那是怎样的感觉。”尽管我擅长表达自己的感受，但来自外界的确认仍至关重要。这让我的情绪获得了应有的尊重。因为你往往愿意宽容他人的不足，却不愿如此对待自己。

ICT 对羞耻感的公开讨论让史蒂文感到自己的感受“获得

了应有的尊重”，这使他能够与其他人分享自己关于羞耻的体验。在巴里的引领下，史蒂文开始公开谈论此事，他意识到污名内化给自己带来的伤害，并在小组中分享了他要克服这种羞耻感的决心：

摆脱羞耻感的束缚，你能更有效地面对这个充满偏见的招聘系统。羞耻感只会将你困在原地。一旦摆脱羞耻感，尽管这个充满偏见的系统依旧存在，但你至少能在其中更好地运作。

那么，ICT 中同伴间的公开分享和基于社会学的支持究竟如何帮助人们认识到自己的污名内化，并开始克服它呢？史蒂文的经历首先揭示了打破被孤立的重要性。他以前从未与人谈论过羞耻感，但这对认识到这种经历的普遍性至关重要。这种交流反过来又促进求职者之间建立支持性联系。

还记得本书第 4 章中许多失业求职者所描述的孤立感吗？查尔斯有和史蒂文一样的经历，他说在加入 ICT 之前，也因为别人的疏远和不关心他的遭遇而感到孤独。同时他也刻意避免与他人接触，以免被那些带有偏见的评论伤害：

我经常一个人待着，这其实并不好。因为除非别人也经历过相同的处境，否则他们不想了解这些。他们只知道从书上读来的东西，或者只是随口说出一些令人不悦的评论，比如“随便找个工作就行了”。这些评论简直让人难以置信，也让人感到不快。所以，我基本上就选择了自我封闭。

在谈及 ICT 的支持效果时，查尔斯表示：“这让我感觉与他人有了联系。它让我摆脱了那种对失业者极其不利的自我封闭的状态。”在上一章中，丹尼尔形容自己在朋友面前像一个奇怪的生物，他提到在加入 ICT 之前，他不敢和任何人谈论自己的失业状况。ICT 聚会让他有机会偶尔释放这部分真实的自我。丹尼尔在加入 ICT 之前不敢分享关于自己失业的任何事情，这揭示了他对失业污名的深刻感知，以及对释放这部分自我的解脱感。

除了通过分享自己之前隐藏的经历而缓解了孤独感，求职者在支持体验中获得的第二个关键认识是：他们并不是唯一感受到这些情绪的人。芭芭拉描述了她在发现每个人都曾感到沮丧时的释然：

我完全没有意识到这一点。我以为只有我自己这样，但当有人提起它时，我们开始交谈，然后发现大家都有类似的感受，似乎都在困境中挣扎。在某种程度上，知道自己并不孤单，且在沮丧中并非孤立无援，这让我感到些许安慰。因为其他人也曾同样感到沮丧。

感到沮丧和灰心丧气固然使人难过，但孤独地体验这些情绪则让人更加痛苦。贾妮斯深有感触地说："能和理解这种挣扎感受的人在一起真的很不错，感觉自己不再独自生活在海王星上。"

不再觉得自己是唯一有这种感受的人，或是来自另一个星球的异类，并且意识到其他人也有类似的经历，这在对抗羞耻感和污名内化方面起到了巨大的作用。研究表明，羞耻感之所以如此重要——被一些人称为主宰性情绪，是因为它向我们的社交关系网发出威胁信号。[15] 当我们感到自己存在缺陷，不配与他人建立联系时，羞耻感便油然而生。而认识到其他人也有同样的感受，则是羞耻感的强效解药。它使这些感受变得平常，且帮助个体意识到这并非他们特有的问题，而是某种情境在每个人心中都可能引发的痛苦体验。[16]

在抗击污名内化时，求职者还了解到一些非常有成就且有资历的人也经历过同样的困境，这对他们很有帮助。这种认识之所以强大，是因为它挑战了所有污名化的预设，包括自我污名化，即失业意味着某个人有问题。莱昂内尔说，他在ICT会议上之所以意识到自己并没有错，是因为他发现其他人和自己有相似的经历：

当你身处这样一个群体，并发现其中有两位律师、一名营销专家，还有许多拥有各种技能的人，都同样因为各种原因难以找到合适的工作，会让你获得一些宽慰。

莱昂内尔之所以感觉好一些了，是因为他不再将失业与个人技能缺乏或拥有其他个人缺陷直接联系起来。这个群体中的人具备各种技能，却也在求职路上遭遇困难，这使得莱昂内尔开始怀疑个人技能水平是否真的是问题所在。这一认识为他重新审视自己之前的某些预设提供了可能。同样，我们也可以从贝姬分享的支持经历中看到类似的心理变化过程：

我努力不让失业影响我的自尊和自信，但我也无法否认它确实带来了一些影响。另一位小组成员简同样在倾尽全力，却毫无进展，即使她获得了大量的面试机会。还有另一位女士，她思虑周全，才华横溢——如果我想招人，我会毫不犹豫地雇用她。当你与这些极具能力但同样遭遇不幸的人在一起时，确实能感到一些安慰。

贝姬的经历与莱昂内尔相似。她努力避免污名内化，并坚信自己拥有宝贵技能，与其他失业者一同奋斗（他们都在竭尽全力寻找工作），这让她深感共鸣。这些人正是她认可的优秀员工。这种共鸣让贝姬和其他人开始思考，或许他们并不缺乏能力和勤奋，只是时运不济罢了。

认识到许多人都身处同样的困境，为莎伦抵制自我污名化提供了强大的动力，她最终意识到问题并不在自己身上：

> 在与我经历同样求职困境的人群中，目睹他们的才华，这使我感觉好受了一些。这些人来自不同的领域，拥有令人瞩目的学位。我曾与一位拥有两项专利的先生同桌交谈，他也未能找到合适的工作。当我了解到这种困境并非我独有，而是波及了各行各业的人时，我感到了一丝宽慰。因为无论我的教育背景如何，我都可能面临同样的挑战。毕竟，这种情况已经影响了很多人，包括拥有各种背景的人。求职的过程有时会对自信心造成打击，但当我置身于这个群体中，知道这些人与我一样受过良好教育、才华横溢，甚至有些人比我更出色，却同样面临求职难题，我得到了很大的鼓舞。这让我认识到："这并非我个人的失败，也不是我做错了什么。"如果真的有错，那也是我们共同面对的挑战。但即便如此，我仍有压力。

在莎伦的小组中，有不同背景的人都遇到了与她相同的困难，这清晰地表明失业与个人的才华或受教育程度无关，也并非个人做错了什么。这种清晰的认识为我们思考失业相关的社会学问题及其强大推动力提供了契机。[17]

社会学与批判意识

当我首次站在一个ICT支持活动的现场，面对100多名失业求职者，我从他们眼中看到，他们渴望得到有用的建议。我实在不忍心用社会学研究来揭示雇主如何歧视他们、将他们排除在外的现实。虽然那句“你可以的”是常见的鼓励话语，能够短暂地提升求职者的自信，但实际上，它对他们的处境并无实质帮助，而且往往具有误导性。尽管关于失业的社会学研究不是一个可以轻松传达或接受的信息，但它确实帮助求职者更深刻地理解了自己所面临的现实。是的，他们正在经历的事情确实存在问题，但这些问题并非源于他们自身。通过社会学研究，求职者开始认识到他们的共同经历与更大的社会经济背景之间的紧密联系。正如史蒂文所说：

> 你和我分享的研究揭示了失业者所面临的结构性困境，这对我来说意义重大。这简直是完美的答案。因为不论人们如何说，他们往往认为问题并不在外部，而在于个体自身。当你的职业发展导师告诉你，“只要保持乐观心态，你就能成功”，我感觉这完全偏离了核心。但实际上你在说：“要审视外部环境，而非苛责自己。”在我看来，对失业者来说，这是最重要的信息。

关于求职的外部障碍的研究讨论，对劳拉也产生了积极影响。她是我最没想到会受此影响的失业求职者。劳拉曾是一名工会组织者，她对雇主的做法和求职的外部障碍了如指掌。然而，即使有这样的背景，劳拉也常常将自己的持续失业归咎于自己。幸运的是，她从这种社会学的支持方法中获益匪浅：

> 这把我的经历置于一个更广阔的社会政治背景之下，让我意识到自己并不孤单，我所经历的事情是普遍存在的。其中涉及的政治因素让我更加全面地看待问题。想到“我们”和“系统”，我感到一种释然，这是一种有益的解脱。

正如我们在本书第 4 章所见，即使求职者理智上明白他们所面对的外部和系统障碍，但仍常将这些困境内化，觉得失业是自身的过失造成的。这正是 ICT 明确传达的信息发挥作用的地方，它强化了人们对宏观社会背景的认知，将焦点从个人过失和自我谴责转向了更广阔的结构性因素。

ICT 提供的社会学支持可以说是在培养求职者的批判意识，让人反思自己所遭遇的障碍如何植根于更广泛的社会条件，而非个人缺陷。[18] 当听到与你处于同样困境的人公开分享自己在求职时遭遇的挫折，随后通过研究数据了解到你们的共同困境的成因时，将求职失败视为个人失败的固有观念就会被打破。美国社会学家布勒内 · 布朗（Brené Brown）巧妙地用相机镜头的类比来阐述批判意识的重要性。[19] 当我们将镜头放大时，我们只能看到个体的自己，并倾向于关注自身感知到的不足和缺陷。但如果我们能够稍微将镜头拉远，也就是说，通过在一个群体中分享，我们会看到其他人也面临同样的挑战。进一步拉远镜头，运用社会学的视角，我们能够获得批判意识，认识到其他人之所以面临相似的挑战，是因为像污名化这样的系统性力量在作祟。这种批判意识就像盾牌，保护我们免受污名内化的影响。[20]

社会学指导

在 ICT 的支持中，一个至关重要的环节是阐明诸如招聘等制度流程的内在运作。鉴于社会学是深入剖析社会制度运作的学科，我将这种支持定义为“社会学指导”。它的主要目的是将失业者的个人经历置于更广阔的背景中加以理解。社会学的一大优势在于，其基于实证和研究的方法既不会因夸大求职者的控制力而制造不切实际的幻想，又不会在就业市场的障碍持续存在时，产生相反的作用；同时，它还能减轻求职者的沮丧和无助感。对制度运作的深入分析让求职者既能够洞察障碍的本质，又能窥见潜在的机会。

对于多数求职者，招聘制度仿佛是个黑箱。通过社会学指导打开这个黑箱，虽然无法改变求职者被拒绝的现实，但能让这种拒绝变得更加客观，不掺杂招聘者的个人感情。这一点至关重要，因为它有助于求职者持续求职。珍妮弗回忆起接受ICT支持前的状况：

> 我真的是在盲目地求职。除非我自信满满，否则这种盲目求职会异常艰难。我需要一个有招聘经验的人作为我求职的指引。我从未遇到过这样的人。我感觉自己得到了鼓励，知道求职并非总是通向绝望，也并非没有希望。但更重要的是，我意识到求职其实是个数字游戏。每当遇到看似与我能力和经验相匹配的职位时，我都会毫不犹豫地申请。

除了将求职结果（被录用或拒绝）视为一种客观的数字游戏，了解招聘流程的内部运作机制还能为我们提供特定的策略。例如，求职者常常误以为雇主会花时间仔细阅读他们的简历和求职信。而当他们了解到申请材料实际上会被迅速筛选，这种认知将带来重要的策略转变。例如，道格意识到“鉴于招聘者都很忙，且注意力往往只能持续6~30秒”，因此，必须准备“简洁明了的个人介绍、短语、关键词和精炼语句，向雇主展示我能为他们创造价值”。

求职者有一个常见的认知误区，正如莉莉曾表达的：“我的简历应该足以代表我。我有丰富的工作经验，我很有能力”。这种思考方式在理想情况下完全合理，但遗憾的是，它混淆了“应然”和“实然”。在现实中，简历往往只能得到匆匆一瞥，很难真正展现求职者的全貌。社会学研究表明，对求职者而言，拥有能代为引荐的人脉资源，将获得显著优势。这意味着找工作不仅需要一份优秀的简历，更需要积极的自我推销——更重要的是，要精心构建人际关系网。

鼓励建立人际关系网并非本章所述就业支持项目的独特之处，它实际上是求职研讨会和求职指导中最为常见的建议。然而，其独特之处在于它并没有将有效建立人际关系网归结为个人的努力和意志力。仅仅建议求职者建立人际关系网可能会加剧他们的自责，让他们觉得自己的求职困境源于自身的缺陷和障碍。[21] 相反，本章所探讨的支持方法，是向求职者坦率地揭示了他们在建立人际关系网过程中应面临的现实、社会和情感的挑战（如本书第 3 章所述），旨在帮助他们克服沮丧和自责的情绪。通过与同伴的公开分享，求职者能够认识到建立人际关系网既是有益的又是极具挑战性的，因此他们需要做好应对挑战的准备，而不是把遇到的障碍视为自身的缺陷。

提供求职策略，如建立人际关系网，实际上是在传授一个复杂游戏中难以言传的规则。由于这种隐含的知识是一种宝贵资源，但并非所有求职者都能平等地获得，因此这种支持可能有助于减少求职者在就业市场中的信息不对称。[22] 例如，阿伦表示，他的职业发展导师给予他的建立人际关系网的建议非常实用，并教会他“如何接近他人，如何提问，如何让人们注意到并回应，以及如何以特定的方式撰写电子邮件和提出正确的问题”[23]。

当这种实操的求职策略被置于承认外部障碍的社会学框架之下探讨时，同时考虑到外部障碍时，求职者的关注点就发生了变化。这种方法避免了自助式就业指导的陷阱，即过度强调能力和个人控制力，以及即便无意却带有强烈指责意味的指导方式。在 ICT 的支持下，求职者并没有得到任何保证成功的秘诀，但他们获得了可能增加成功概率的策略，以应对公认困难且存有偏见的招聘关卡。

重新审视人际关系网与实用帮助

在 ICT 的社会学支持背景下，人际关系网的体验与我们之前在本书第 3 章中探讨的传统方式截然不同。求职者们不再感觉自己像乞丐或二手车推销员，他们将 ICT 同伴间的互动描述为一种务实而温暖的互助。以第 3 章中的丹尼尔为例，他对“利用”朋友和扮演假角色的人深表反感，在 ICT 的活动中却有了全新的体验：“这可能是我第一次身处一个志同道合者组成的群体，这里的人脉更加真实、优质。一切都很自然。”当你和其他处境相同的人在一起，并公开分享自己的经历时，就不会再像面对其他人时那样掩饰自己。

在 ICT 的环境下，人际关系网中的社交活动实现了一次彻底的转变，从令人充满压力、情感消耗巨大的活动，转变为情感支持和能量补给的源泉。安杰拉解释说，当同样处于失业状态的求职者互相分享人脉时，这不仅带来了实质性的帮助，更“让我们保持动力，因为知道有人在关心我们并为我们留意机会”。同样，道格也提到，当他获得推荐时，“这表明还有人在想着你。这让人感到鼓舞，并带来了支持的力量”。在 ICT 的环境中，人际关系网的建立有助于营造出一种支持性社区的氛围，使求职者不再孤立无援。

事实上，实际的帮助与情感层面的支持是相辅相成的。在一个充满情感支持的环境中，求职者更能自在地公开讨论求职策略，并乐于接受反馈。这在协作实验室的案例中尤为显著，求职者连续 3 个月在这里每周相聚 15 小时。妮科尔表示，关于策略的对话之所以顺畅，是因为“我们彼此坦诚相待，不会互相指责”。史蒂文也谈到了实际的帮助与情感支持之间的紧密联系：“在这个小组里，每个人都理解你的处境。这是一种与真正关心你、希望你成功的人之间的互动。”感受到同伴的关心后，求职者不仅愿意分享他们的恐惧、希望和计划，还能欣然接受来自同样失业的同伴的建议。正如本书第 5 章提到的，来自朋友或配偶的建议往往带有偏见和负面判断，而来自同样处境的同伴的建议更易被接受，因为他们能深刻理解情况的复杂性和当前的困难。

实际的帮助与情感支持紧密相连，相辅相成，因为向他人提供实际支持的行为本身也为施助者带来了重要的情感支持。正如我们在本书第 4 章中所见的，失业带来的隐性伤害之一，是失业者痛失为他人做出贡献的成就感。然而，有机会支持其他求职者，恰恰能够缓解这种伤害。例如，玛西娅在 ICT 活动上结识了拉里，并成功将他介绍给了她认识的一位他所在行业的关键人物，这位人物对拉里帮助巨大。当拉里想要回报玛西娅时，她表示："你看，能帮助你让我觉得自己并非一无是处。我仍然有能力帮助别人，这对我来说意义重大。"同样，瑞安也分享了帮助其他失业者给自己带来的积极感受：

> 我会尽我所能去帮助别人。我可以自豪地说，我已经至少帮 10 个人找到了工作。每当我能为他人提供援助时，都让我有一种"以善报善"的感受。即使最后我没有找到工作，但能帮助到别人，我同样感到满足。

同时，瑞安觉得，失业后他失去的那些同事间的情谊又回到了他的生活中："那是我所渴望的，没有这些，我可能会感到迷茫和崩溃。"回想本书第 5 章中失业求职者对工作中的朋友和社区的怀念，我们就可以从瑞安的言辞中看出：得当的支持，确实能够重塑我们与同事之间的紧密联系和归属感。

社群中同伴的互相支持是一股巨大的力量。它打破了个体的孤独感，让人们明白问题并非全出自个人。同时，它还提供了实际的帮助，并让施助者从中获得情感支持。职业发展导师在推动这种同伴支持的形成和发展过程中起着至关重要的作用，而且，他们在一对一的支持实践中也扮演着举足轻重的角色，这是接下来我们将要讨论的内容。

职业发展导师与去污名化

到目前为止，本章主要探讨了如何与其他失业求职者相聚，并受到鼓励开始公开分享经验，以及如何有效地对抗污名内化的倾向。尽管相关的访谈表明，有组织的同伴互动对抵抗污名化至关重要，但个人的职业发展导师和咨询师的工作同样具有决定性作用。

职业发展导师通过提醒求职者关注自身过去的成就，能有效帮助他们对抗污名内化。克雷格描述了人们在失业期间通常会经历的心理变化，以及为什么上述支持至关重要：

> 没过多久，我的自我认知就开始走向消极的一面。失

业、就业不足以及求职过程中不断遭受的拒绝，真的让我在那段日子里大部分时间都感到沮丧。因此，没有工作确实重塑了我的自我认知。

鉴于克雷格自我认知的受损，他解释道："我认为职业发展导师对我来说的关键作用之一便是重建自信。"他的职业发展导师让他意识到，他做过很多不同的事情，能为潜在雇主提供的也很多。因此，有很多重建自信的事情需要去做，这让他真正接受自己是一个宝贵的人才，是一个应该被雇主渴望的人，因为他能为他们带来多样的价值。一位有帮助的职业发展导师会为求职者提供客观的视角，而非扭曲的污名化标签。因此他们更能发现并指出求职者在过去所取得的成就，而这些正是在失业的污名化环境下往往会被忽略的。[24]

珍妮弗曾一度沮丧，甚至放弃寻找工作。[25]她解释说，职业发展导师的支持对她继续寻找工作起到了至关重要的作用。这种支持的关键在于职业发展导师重燃了她对自己能力的信心。她这样说道：

我们重点谈论了我的工作经历，以及我如何与人合作。他让我意识到我拥有许多技能，而且这些技能永远不会过时，它们依然具有价值。我真的很需要这种反馈。求职时几乎得不到任何反馈，要么求职信石沉大海，要么只能收到拒信。现在我知道，自己仍然极具竞争力，只需要继续努力下去。

本书前面的章节讨论了失业的普遍污名如何像一面失真的镜子，呈现出求职者毫无价值的形象。然而，社会支持的经历为我们提供了一面不同的镜子——一面去污名化的镜子，它真实地反映了求职者所拥有的专业价值，同时避免了因夸大求职者的掌控力或忽视更大障碍而形成的求职自助模式的陷阱。成功往往依赖实力和运气，确认自身的实力而不被虚假的运气承诺所迷惑，对求职者是极为有益的。

职业发展导师帮助求职者对抗污名内化的另一种方式，是反映他们作为求职者所取得的成就，这些成就原本可能不会留下明显的痕迹。求职可以被视为一种工作形式，涉及一系列有挑战性的日常任务。就像所有不会立即产生具体成果的工作一样，职业发展导师对求职者在求职过程中做出的努力及任何微小成就给予反馈和认可，这对他们是至关重要的。例如，布鲁斯虽然尚未收到工作邀请，但他因职业发展导师的认可而感到鼓舞，因为职业发展导师对他的人际关系网的建立，以及在电话面试、后续跟进等方面取得的成就印象深刻。职业发展导师通过为失业求职者提供这种反馈，填补了因招聘方未对其求职申请进行反馈而留下的空白，而这些空白往往会使求职者因污名内化而产生消极的想法。

人们可能会认为，对求职工作的这种认可应当出自家人和密友之口。然而，正如我们在上一章所观察到的，对长期失业的人来说，非正式的情感支持来源往往并不稳定。亲友可能带有偏见，也可能因过分投入并关注求职结果，而使自己也深感焦虑。同时，在崇尚自给自足的文化背景下，失业求职者可能不愿向亲友寻求支持。此外，尽管亲友的鼓励话语出于好意，但它们的效果往往不如职业发展导师的鼓励来得显著。例如，珍妮弗就深刻体会到，来自家人的支持性话语的影响力明显逊色于她的职业发展导师所说的同样的话：

> 我的职业发展导师告诉我，我正沿着正确的方向前进，我所做的每一件事都是对的。他是专业人士。与之相比，我的家人并非职业领域的专家，他们自然会肯定我的努力，但我真正需要的是来自一位没有利益纠葛、不带情感色彩的第三方的支持。无论我求职成功与否，都不会对他产生任何影响。他也不必在接下来的每一天都与我面对面相处。所以，这真的很有帮助。我认为他拥有专业知识和背景，能够告诉我哪些做法是对的、哪些是错的。

两个关键因素显然尤为重要：职业发展导师被认为具备精准评估的专业能力，其反馈值得信任，且不受人际关系压力和主观考量的影响。职业发展导师不会出于维护人际关系而刻意称赞你。以下是辛西娅描述自己受到的鼓舞：

> 当一个人长时间失业时，会对自己产生怀疑。这时，若有专业人士看着你说："不！你一定能找到工作。"这简直是无比强大的情感支持。

辛西娅的这番话让我回想起自己作为初涉新领域的年轻的社会学研究生时，我的导师成就斐然，他直视我的眼睛说："你是一位优秀的作家。"如果当时这番话出自我的母亲或非学术界的朋友之口，其影响力必然远不及此。

应对孤独与沮丧

本章所探讨的这种支持方式的一大益处在于它能够建立重要的社交联系。此前，我已经讨论过社会学支持方法如何打破求职者的孤立状态，鼓励他们与同龄人分享和讨论自己的经历。当这种深入的交流发生时，很可能形成坚固的友谊——有些甚至可延续到支持环境之外。在本书第 5 章中，我们听到求职者谈论失业期间朋友的疏远，但其中一个受访者自发提到的例外情况，便是他们与同样失业的求职者之间的友谊。例如，莎伦说 ICT 聚会为她带来了持续的支持性社交联系：

实际上，当我置身于和我处境一样的人群中，畅谈我的感受和经历时，我感到非常自在。在 ICT 聚会上，我们拥有空间和自由去分享我们真实的经历和感受。这不仅在短期内对我大有裨益，还使我结识了那些我认为能在未来给予我帮助的人。我们中的很多人无法向朋友和家人寻求理解和帮助，也很难在这个时期结交新朋友，因为大多数人并不理解我们的处境。能够与理解我经历的人建立新友谊，这对我来说是个极大的帮助。

许多其他受访者也表示，在 ICT 的支持环境中建立起的人际关系发展成了亲密的友谊。吉尔说：“讽刺的是，我的艰难处境实际上却为我带来了重要的新朋友。我结交了几位亲密的伙伴。如果我没有失业，这些支持性的关系永远不会发展起来。”由于失业通常导致友情的丧失和个体被孤立，本章所讨论的来自社会层面的支持显得尤为重要。例如，劳拉发现，“令人惊讶的是，我失业前认识的人反应最冷淡”，但“我与那些和我在职业处境上相似的人（长期失业求职者）成了真正的好朋友”。

在 ICT 的支持环境中建立友谊和支持性关系并不是巧合。相反，正是因为当个体以开放和脆弱的方式进行互动，并意识到他们处境相同时，才会产生相互信任的感觉并保持联系。57岁的数字内容创作者梅丽莎是这样解释的：

我结识了许多很出色的人，他们每个人都展现出极高的互助意愿。我惊讶地发现，原本可能封闭内心的人，在这里却敞开了心扉。在这个环境中，你感到极其安全和自在。有些人可能之前从未真正展现过自我，但在这里，你能明显看到他们的变化。这里给予人一种极其舒适的感觉。

尽管传统的求职自助模式支持专注于磨炼求职者的求职技能，如撰写简历和保持积极心态，但我们已经观察到，相比之下，社会学方法更能触及长期失业所引发的深层次问题，如污名内化和孤独感。通过解决这些深层次的问题，这种求职支持的方式在实践层面可能更具成效。正如我们在之前章节所分析的，长期失业所产生的负面情绪会成为再就业的障碍，还会形成恶性循环。而本章所讨论的求职支持方式，可以缓释求职者的孤独感，并为对抗污名内化提供盾牌，从而提高求职者在就业市场上的成功概率。

这类求职支持带来的一个显著且实际的好处是求职活动明显增加。众多受访者表示，他们曾一度感到气馁，难以继续积极地寻找工作机会，但得益于 ICT 的支持，他们重新振作起来，积极求职。比如埃德，他是我采访过的最沮丧的失业求职者之一。他曾完全放弃寻找工作，并形容自己如同陷入了一片泥沼。然而，几个月后，当我问及他所接受的以社会学为基础的求职支持是否有效时，他的第一句话是："我们都在这片泥沼里。"

他的这一深刻领悟，比他从我这里或任何职业发展导师那里听到的任何建议都更为关键：

> 听到同样在泥沼中挣扎的同伴们分享自己的情感压力，这种影响更为深远。我不再感到孤单。与那些同样在努力克服困境的人并肩作战，极大地增强了我走出困境的信心。

意识到自己并非唯一深陷泥沼的人，埃德重新振作，继续他的求职之路。乔也曾一度感到沮丧和孤独："我封闭自己，不再与人交流。当然，我也因此停止同时申请多份工作，结果没有收到任何回复，这进一步加剧了我认为自己难以找到工作的想法。"但他说："（我在 ICT 体验到的）社群归属感对我的求职产生了巨大的影响。比如，尽管求职过程充满挑战，但知道其他人也面临同样的困境，这确实很有帮助。"这种支持帮助乔提升了求职主动性，因为它赋予了他与他人建立联系的信心，让他能够更进一步。从实践层面来看，埃德和乔都更有可能找到工作，因为他们提高了求职的强度和频率。虽然求职并不能保证一定能找到工作，但停止求职肯定会导致持续失业。

回顾本章所探讨的访谈数据，我们可以清晰地看到，社会学的支持确实在求职和心理健康两方面为长期失业的求职者带来了实质性的帮助。这种支持有效地缓解了求职者的沮丧情绪，进而提升了他们的求职强度。同时，它减少了求职者的孤独感，让他们意识到许多人与他们处境相同，问题并不在自己身上。这种认识与更为准确且没有被扭曲的自我认知，最终可以帮助求职者对抗污名内化。[26]除此之外，我们在ICT实施的第一年还收集了调查数据，这些数据来自接受ICT支持的求职者以及一小部分未接受支持但条件相似的求职者。对比结果显示，两种求职者之间的差异与访谈数据相符，这进一步证实了ICT的支持不仅提升了求职者找到工作的机会，还有效减少了他们的污名内化。[27]

社会学支持与去污名化之镜

你如何看待自己，往往与你想象中的他人如何看待你有关。正如我在本书第4章所指出的，这正是社会学家谈论的“镜像自我”。[28]失业的污名像一面失真的镜子，环绕在求职者周围，它呈现出的是被雇主直接拒绝，被朋友、亲人甚至职业发展导师的怀疑和评价所扭曲的求职者的自我形象。这种被扭曲的形象逐渐被内化，引发求职者对自身的怀疑和求职的恐惧。

然而，基于社会学的求职支持能够为我们举起一面去污名化的镜子，来对抗这种失真的镜子。这种社会学视角的支持方法，有助于失业的求职者以更客观、准确的视角审视自己，从而摆脱那种被扭曲、被污名化的自我认知。当求职者与他人分享自己的遭遇，打破孤独时，他们会发现，原来他们所经历的困难并非个人之过，而是许多人都需要面对的共同挑战。听到关于雇主偏见和招聘歧视的社会学研究后，求职者能够更清晰地看到自己所遇到的这些障碍的普遍性，从而以新的、去污名化的视角审视自己。

我与在 ICT 接受社会学支持的失业求职者的访谈表明，这种支持不仅有助于他们通过抵消污名内化来改善心理健康，还带来了直接的实际益处。在接受支持前，许多人感到求职之路充满挫折，但这份支持激励他们重新振作。同时，他们也在这个求职支持的环境中积极构建了人脉，甚至在一些情况下，发展出了跨越 ICT 聚会界限的新友谊和支持关系。

对社会学和整体支持方法的效果，仍有必要进行深入研究。幸运的是，这一支持方法正在逐渐普及并接受评估。作为 The Work Intervention Network（以下简称 WIN）[29] 项目团队的一员，我们致力于向全国各地的培训师和教学工作专员传授如何最有效地支持失业求职者，特别强调培养批判意识和抵消污名内化的重要性。WIN 的学者团队正在密切研究这种支持方法的效果，其初步成果已显示出这一方法的积极效用。[30]

但是，我尚未提及一个重要且显而易见的事实：任何形式的个人或团体所提供的支持都有局限性，因为它们无法触及长期失业的根源。尽管有效的支持能帮助求职者抵消污名内化，但并不能从根本上减少这种污名。要想真正改变现状，需要集体和相关政策来推动制度的变革。多年来，美国失业劳动者作为一个群体，在公共政治舞台上几乎销声匿迹。[31] 最终，社会学支持的意义可能不仅在于帮助个体克服污名内化，更在于促使人们认识到应共同面临的结构性困境，并形成团结意识，从而激发必要的行动，挑战那些导致污名化的制度。值得注意的是，ICT 提供的社会学支持促使许多参与者积极参与集体活动，并成立了一个由参与者驱动的倡议组织，专注于影响长期失业求职者的政策议题。这一倡导工作将在下一章，即本书的最后一章中详细讨论。

第 7 章

The Stigma Trap

跨越污名
与优绩制度神话

正在阅读本书的你，或许仅因一次解雇便深陷污名陷阱。一旦落入其中，便难以自拔。在美国资本主义的核心部分，优绩制度神话普遍存在，这使得失业者常会被潜在雇主、人际关系网的联系人、职业发展导师、朋友以及配偶以贬低和怀疑的眼光看待。当污名从四面八方袭来时，失业者往往会将其内化，[1] 直到自己的核心身份受到挑战，进而产生强烈的情绪波动。这种负面的情绪反应又成为他们被进一步排斥和污名化的理由，使逃离陷阱变得更加艰难。正如我们所见，雇主会迅速拒绝那些言行中流露出任何负面情绪的求职者。

污名陷阱残酷且循环往复：求职者先是因失业被污名化，后又因其对污名的反应而再次被污名化。这个陷阱的循环性深刻揭示了戈夫曼的观察：当被污名化的求职者表现出羞耻感或失去信心时，往往被他人视为“其缺陷的直接体现”。[2]

在情绪波动较大时，我们通常会寻求朋友和家人的支持。然而，失业的污名让我们在最亲近的人那里也会变得不再受欢迎。正如我们所见，有些老朋友甚至与失业者保持距离，似乎是为了避免某种“具有传染性”的负面影响。[3]这种污名的阴影也可能在配偶的反应中显现，从而形成一种恶性循环，进一步加剧夫妻间的情绪困扰和紧张关系。[4]同样，本书中所讨论的失业求职者的经历，与戈夫曼关于污名作用的经典诊断相吻合，即“无论我们与陌生人还是亲密的人互动，都会发现社会的‘指尖’已经粗暴地介入了这场互动，即使在这些情景中，也要给我们贴上标签”[5]。

戈夫曼的见解有助于我们理解污名化在微观层面的运作机制，却难以解释美国社会为何会将失业者置于如此境地。要理解在美国为何失业会引发如此普遍的污名，我们必须审视这些不同污名化表现的共同根源。不论这些偏见来自招聘者、人际关系网的联系人、职业发展导师、朋友还是配偶，都基于一个共同的怀疑：失业本身意味着失业者存在某种问题。这种怀疑源于优绩制度神话的核心理念——职业地位必然反映个人价值。[6]这一神话在美国新自由资本主义中占据核心地位，它将市场视为衡量一切事物与人的社会价值的标准，[7]从而使失业者在生活的各个领域都受到质疑。

污名不仅渗透失业者的私人生活，还深深地影响社会对失业的政策反应。如本章稍后所述，美国的失业补偿制度在最理想的情况下，也仅为失业者提供失业后6个月的微薄支持。而对于本书中讨论的那些失业超过6个月的人，美国实际上没有提供任何形式的支持。[8] 从社会层面来看，我们实际上是在对长期失业者说："太糟糕了，你只能靠自己了。"污名使得这种本应被视为不合理的现象变得正常。如果我们暂时放下污名化的思维方式，认真审视失业本身，意识到其并非完全由个人缺陷造成，而是源于社会组织工作和招聘的机制，那么就很难解释为何长期失业者得不到任何支持。设想一下，一个幼儿园有6个孩子，但只有5个任务要做，没有完成任务的孩子不能吃午饭。如果这是你孩子的幼儿园，你无疑会要求改变这个规定，确保每个孩子都能吃上午饭。那么，为什么我们会允许类似的情况在社会层面发生呢？这是因为优绩制度神话让我们误以为失业不是一个社会问题，不可能发生在我们每个人身上，只会发生在"那些人"身上。而我们对他们的处境一无所知。

我们将在本章稍后的内容里探讨制度变革，其关键在于要有意识地抵制那种倾向于相信优绩制度神话的诱惑，这种神话倾向于将长期失业者归为另一类人。而我们中的任何人都可能成为长期失业者，污名陷阱并不局限于长期失业者，它影响每一位美国劳动者。长期失业只是前途未卜状况的极端表现。但这种极端情况有助于揭示每个人在不同程度和不同时刻所经历的脆弱、恐惧和羞耻。本书讨论的失业者为我们提供了一个视角，让我们洞察在美国资本主义及其优绩制度神话的背景下，所有劳动者所面临的压力。这些压力使我们所有人都容易受到污名的侵扰。任何职业生涯的挫折或倒退都可能被视为个人价值的减损，进而引发一连串的污名化反应和恶性循环。[9] 失业只是突显了新自由资本主义滋生的各种污名，这亟须学者给予更多的关注和批判性审视，[10] 而最终需要我们共同行动来挣脱这些污名的束缚。

直面污名：行动主义与政策

本书第 6 章探讨的社会学支持，可以帮助失业求职者对抗污名内化的倾向，这对其大有裨益。但遗憾的是，这类支持并未触及污名现象的根源。若我们期望社会能公正对待求职者，能让失业者获得充足保障，且不会因社会结构造成的问题而遭受周遭的指责与评判，我们就必须直面失业的污名。

社会问题的解决往往需要持续的集体行动，让问题进入公众视野，并随着时间推移，形成社会和政治压力来推动变革。那么，失业者通过集体行动来提高公众对失业污名化的认识，并倡导制度变革的前景如何呢？本章接下来将聚焦从 ICT 失业群体中崛起的维权求职者所组织的实践探索。

改变游戏规则委员会

2015年春天，ICT举办了一场盛大的活动——重启训练营，为期两天，吸引了100名长期失业求职者参加。其间，参与者们共同深入讨论了如何应对长期失业所带来的情感、社会和经济上的挑战。训练营结束时，我安排了一场闭幕会议，并给它起了个相当模糊的标题——改变游戏规则，因为当时我对自己的想法只有个朦胧的构思。在结束时，我是这样说的：

这个周末，我们主要讨论了如何更好地“参与游戏”。但更深层的问题是，我们是否需要改变“游戏规则”或“游戏环境”？这个问题超出了个人的能力范畴，它追问的是，在社会变革的进程中，集体声音能够推动怎样的结构性改变。

作为社会变革的推动者，我们每个人或许都有关于变革的见解，但如果没有倡导和呼吁，并向政策制定者和雇主施加压力，这些想法将难以实现。对任何一位求职者来说，单独就这些问题发声是极具挑战性的。然而，我们这100多人共同努力，再动员各自社交圈的力量，将汇聚成一波不容忽视的集体声浪。不久前，我看了电影《塞尔玛》(*Selma*)，震惊地发现引领了美国变革的第一次塞尔玛游行，仅有600名参与者。[*]设想一下，若是我们每个人都能动员家人和几位挚友参与活动，我们的人数将轻易超过这个数字。

我们都认同存在长期失业的危机，也都明白改变其根源的行动并不多见。我并不自诩能指出问题的关键所在，也不知该如何组织大家共同向对方施压。但我深信，今天在这里的每一位都可出谋划策。因此，我提议我们作为一个团队，共同讨论如何改变现状，并找出最佳的合作方式来实现这些改变。接下来，请愿意领导团队并为之投入的成员，将你们的名字写在名为“改变游戏规则委员会”的白板上。这个委员会将在重启训练营结束后继续开会，集思广益，讨论如何为我们这些愿意参与解决上述问题的人规划下一步行动。

会议临近尾声，那100名参与活动的失业者中有25位排成一队，将各自的名字写在了白板上。史蒂文就是其中的一员，他道出了自己的心声：

我之所以加入改变游戏规则委员会，是因为它就像一声集结的号角，人们纷纷响应：“对，让我们行动起来！”

* 第一次塞尔玛游行指的是1965年3月7日，非裔美国人发动的争取权益的游行。该游行从美国亚拉巴马州塞尔玛市出发。——编者注

我内心有一个想法，那就是我们要引起社会的关注。看看这个房间里的人，他们的受教育水平与经历令我震惊。我坚信，总有人能理解我们的处境。那天，我甚至产生了走上华盛顿街头的冲动，因为……我必须有所行动。这是一个展现我们决心的机会。在失业的阴影下，我们总是那么被动，只能默默承受。但当有人给我们机会说"够了 真的够了"时，我知道我不能退缩。我知道这条路不会轻松，但我必须迈出这一步。这次，我得到了一个机会，可以挺直腰板，大声疾呼。

苏珊这样描述她当时的感受："听到那么多人都在说'如果，如果，如果'，我真的很想成为第一个在白板上写下名字的人，但我没有。不过，这也让我重新燃起了希望，或许我们真的能够做些什么。"莎伦也表达了她加入活动时的希望："虽然找工作这件事，我能够掌控的并不多，但这次，我可以参与其中。即使我不能改变自己的境遇，也可能改变别人的。"

尽管美国劳动者几十年来一直饱受失业之苦，但很少采取集体行动。那么，是什么导致了那个周日下午参与活动的人的集体能量爆发呢？其中一个重要因素是，在此之前的那个周末，参与者之间逐渐建立起来的理解和团结。共同分享艰难的经历有助于参与者之间建立起信任纽带。此外，从那个周六的早晨开始，ICT 重启训练营帮助求职者了解了他们共同困境背后的宏观社会背景。ICT 的支持与他们原来接触到的以求职技能和积极心态为焦点的求职自助模式的支持不同，后者往往会夸大求职者的控制力，让其不自觉地接受优绩制度神话，并含蓄地指责失业者。ICT 的社会学求职支持方法则以研究为中心，挑战优绩制度的预设。正如布伦达所说：

> ICT 让我意识到一件事：问题不在我身上。雇主的问题很大。许多问题的根源都在于雇主。他们应该为此负责。

马西娅说，在 ICT 中，她了解到一些关于失业的“令人不安的数据”，但她现在想“以此为契机，为我们所有人祈祷新的开始，为此发声”。许多其他受访者都提到了“发声”和“呼吁”的渴望。似乎这种 ICT 支持的社会学性质，是以解释失业背后更宏大的系统性力量，去激发人们参与集体行动的兴趣。

寻求关注

重启训练营之后，22 名失业求职者共同组建了改变游戏规则委员会（以下简称 CTG），并定期举行会议。当我问及 CTG 成员为何选择积极行动时，他们大多表示希望提高公众对他们所处困境的关注度，并摘掉失业为他们带来的负面标签。莎伦说：“我的目标是让更多人了解我们的处境，不仅是雇主，还包括普通民众。更重要的是，我希望人们开始思考如何通过改变自身的行为来帮助我们。”苏珊也表达了类似的观点，她强调提升社会认知的重要性：

> 我需要让公众知道：“问题不在我身上”，或者，“不仅是我，其他人也面临同样的困境”……我们首要的任务是消除社会对失业者的偏见，或许可以推动立法变革，至少要让人们听到我们的声音。对我们中的一些人来说，更重要的是，我们要发声，要争取话语权。

我好奇地问苏珊，如果她有这样一个机会，她会对美国说什么。她笑着回答说：“首先，我希望潜在雇主不要排斥我们。我们失业了，并不意味着我们缺乏能力或知识。我只是想让美国意识到，‘你知道吗？失业仅仅是因为某人运气不好，而不意味着应该放任他们继续倒霉’。”

总体来说，失业求职者之所以积极行动，是希望让社会正视长期失业的现实，进而消除与之相伴的污名化。正如保罗所言，公众对这一问题了解得越深入，就越能意识到“许多人正身陷此困境，而这一切并非他们自身的过错”。

经过多轮头脑风暴，CTG 决定在马萨诸塞州议会大厦举办倡导日活动。届时，众多失业求职者将向议员和记者倾诉他们的困境和所遭遇的不公。尽管苏珊自称性格内向且对公开演讲心存畏惧，但她仍毅然决定担任此次活动的主持人。她回忆道："劳拉给我打来电话，询问我是否愿意主持。那一刻，我的心跳似乎都停止了。但我想，这是件大事，总得有人站出来。于是，我鼓起勇气，走上了台。实际上，我望向观众，但尽量避免与他们对视，因为我知道在公开演讲中，应该看向观众的头顶，这样既看起来像在与他们交流，又不会让我感到太过紧张。我走上台，说了该说的话，然后走下台。"除了对公开演讲的恐惧，苏珊还担心在公众面前谈论自己的就业困境，但她告诉自己："我必须克服这些恐惧。我已经没有什么可失去的了，我要全力以赴。"在倡导日活动中，许多失业者上台发言，分享了自己的经历：接受过大学教育，甚至完成了研究生阶段的学习，辛勤工作数十年，之后却失业，并被就业市场排斥。

在举办倡导日活动的同时，CTG 发布了一份基于成员反馈的简短报告。这份名为《理解长期失业的专业人士：马萨诸塞州居民的呼声》的报告，深刻揭示了长期失业的专业人士的求职困境是如何被"隐藏"和"忽视"的。报告中，CTG 成员们的呼声涉及本书的多个主题，例如"对年长劳动者的误解"等长期失业者所面临的求职困境。同时，报告还指出了"如果你一段时间没有工作，就说明'你一定有什么问题'"的偏见。此外，报告还详细讨论了失业劳动者面临的种种困境，如失去住房、持续的经济压力与痛苦、紧张的人际关系，以及被污名化和像传染病病患一样被对待的感受。

该报告以一句响亮的集体呼吁作为结尾，坚决反对这种污名化："我们并未崩溃，我们并非次品。我们不是懒惰、无能或缺乏动力的人。我们渴望工作！"

同时，该报告也向州政府提出了一个明确的要求：改进对长期失业的专业人士的支持服务。报告指出："大多数人发现，州政府目前的资源并不足以满足长期失业的专业人士的需求，也未能提供有益的项目支持、职业咨询或培训机会。"

为持续推动政府提供更优质的支持服务，在倡导日活动之后，几位 CTG 成员参加了马萨诸塞州长期失业问题特别工作组所举办的一系列市政会议。尽管 CTG 中的受过大学教育的专业人士从严格意义上讲并不属于该特别工作组的直接服务对象（因为他们成年后的大多数时间并没失业），但他们仍积极参与，目的是让长期失业问题得到更多的关注与理解。一年后，马萨诸塞州政府推出了一项新计划，这是首次专门针对长期失业者提供具体支持。在推广该计划时，州政府明确提到，长期失业求职者同样包括那些拥有本科学历的人。虽然这次变动规模不大，但它无疑是一个积极的信号，表明州政府开始倾听民意，并在压力之下迈出了实质性的第一步。

污名如何成为抵消污名化的障碍

美国各州政策变革所带来的积极效果虽然明显，但未能达到 CTG 成员最初希望的通过广泛揭示失业污名化困境来改善现状的预期。

污名本身就在阻碍人们对抗污名化。CTG 坚定地致力于寻求社会对失业带来的挑战及其相关污名化问题的关注。然而，正是这些污名化标签的存在，让许多求职者担心受到过多的个人关注，而过多的关注可能会使污名化进一步加剧。例如，作为 CTG 中最积极的成员之一，史蒂文常常对团队怕得罪人的态度感到无奈。他的观点是："我们要有魄力，搞点大动作。联系媒体，全力以赴。"他在州议会大厦的倡导日活动中发表了讲话，但仅透露了自己的姓氏。活动结束后，他被美国公共广播电台的记者拦下：

> 有个人询问我是否想在该电台发言。活动结束后，他走到我面前问我的名字，我请求他不要公开。他回答说："那我就不能让你上电台了。"我考虑了 5 分钟，然后想告诉他："好吧，如果能引起更多关注，我愿意公开我的名字。"但那时他已经离开了，我没能找到他。

史蒂文后来解释了他的犹豫："我之所以犹豫是否公开名

字，是因为我担心人们会通过网络搜索我，然后发现，‘哦，原来他就是那个一直找不到工作的人’。”虽然最终，史蒂文愿意冒险以提高曝光度，但已经来不及了。大多数人出于完全可以理解的原因，通常也不愿意这么做。莎伦作为 CTG 最坚定的成员之一，也试图保持匿名，且没有在倡导日活动中公开发言。CTG 成员们深知媒体报道对他们所倡导事业的重要性，但他们需要在推进这一事业与公开个人姓名可能带来的巨大风险之间进行权衡。

CTG 的报告明确指出了污名化如何限制了 CTG 成员在倡导日活动中公开露面甚至在报告中匿名分享经历的意愿。以下是 CTG 报告的作者（同样选择匿名）对污名化如何影响他们活动的解释：

> 长期失业的污名化确实存在，它影响他人对你和你职业的看法。许多提交推荐信的人都选择使用化名来保护自己。有些人甚至在使用化名的情况下，也不愿详细分享自己的故事，他们担心这些信息会被公众知晓。出于同样的原因，我们在倡导日活动中也难以找到愿意公开发言的人。本报告的作者都是长期失业的专业人士，他们选择匿名，因为他们与他们的同伴们有同样的顾虑。没有人希望因为不幸失业而在社群或潜在雇主面前被进一步污名化。

作为ICT领域的知名人士，我频繁接到全国各大媒体的邀请。他们希望报道失业问题，并希望我能介绍一些长期失业求职者接受采访。然而，媒体报道坚持使用真实姓名，通常会让倡议者望而却步。当我询问本研究中的失业求职者是否愿意与记者交谈时，通常得到的都是类似桑德拉这样的回答：“我坚持在网络搜索中保持匿名，尤其不希望‘年长失业者’出现在关于我的前10条搜索结果中。但我很高兴有人正在关注这个问题，希望我能尽一份力。”

求职者对个人曝光度的担忧是合情合理的，特别是担心自己的名字可能会出现在被搜索到的媒体报道中。布鲁斯的故事恰好揭示了在报道长期失业问题时使用真实姓名的双重影响。布鲁斯同意接受一家美国全国性报纸的采访，并讲述自己从大公司高管到长期失业者的经历。随后，事情的发展如下：

> 一周内，我的领英个人资料浏览量激增到1 200次。同时，我收到了400封邮件。有人对我表示同情，有人赞扬我敢于公开分享自己的经历，还有人询问是否能给予我帮助。更令我欣喜的是，这些联系中真的有一份不错的工作机会等着我。

布鲁斯发现，他通过分享自己的故事，让其他失业者意识到他们并不孤单，这使他感到十分欣慰。当然，当其中一位新联系人帮他找到了一份工作时，他更是兴奋不已，尽管那只是一份短期合同制工作。

但这个故事还有另一面。在报纸文章带来的感激和有益反馈之外，有一位备受关注的博主对此感到不悦，他发文称，像布鲁斯这样经验丰富、成就斐然的人不应该陷入失业的困境。这位博主明显在强化优绩制度神话，并向广大读者宣称，布鲁斯失业的背后必有其他不为人知的真实原因。他仅凭偏见和污名就公开质疑布鲁斯的诚信。然而，更糟糕的情况还在后头。布鲁斯的短期合同制工作将在 6 个月后到期。在经历了两年多的失业和求职之后，布鲁斯最终有机会入职一家大公司，担任高级职务。但就在这时，那家公司团队中的某个人在网上搜索了他的名字，看到了那篇文章。随后，工作机会便消失了。布鲁斯后来得知，正是那篇报道使他被拒了。布鲁斯不禁自问："这为什么会发生在我身上？"四年过去了，他仍未找到一份全职的专业工作。

布鲁斯的故事深刻揭示了污名陷阱的一个重要层面。为了共同抵制失业污名并推动变革，我们需要公开讨论这个问题，让公众意识到这种污名带来的伤害。布鲁斯通过全国性报纸发声，无疑成功地为这一问题吸引了广泛关注，并让众多读者认识到他们并不孤单。然而，正是这一积极的行动，在引起公众对失业污名关注的同时，也令布鲁斯本人成为焦点，使得针对他的污名化变本加厉。污名陷阱之所以难以摆脱，其中一个关键原因在于，当个体试图公开抵制这种污名时，往往会面临被进一步污名化的风险。[11]

领导力的挑战

本书详细描述了长期失业所伴随的复杂危机——经济、社会和情感层面的多重困境。在这样危机四伏的境遇中，维持日常生活已属不易，更遑论挑战社会制度和失业污名的根源。即使是拥有卓越的领导才能和丰富经验的人，其在面对失业的种种挑战时，也难以施展所长。在 CTG 中，劳拉最初担任领导职务，她曾是工会组织者，有推动社会变革的经验。然而，从一开始，劳拉的失业状态便给她带来了不小的困难。在 CTG 成立当口，她正面临失去房子的危机：

> 我领导这个团队的方式，并非我惯常的风格。通常情况下，我领导团队时，会花大量时间去了解团队中的每一个人。因此，我会与每个人单独会面，了解他们的经历和故事，也让他们了解我和我的经历。这样的互动会形成一种纽带，让我能够比现在更有效地领导这个团队。但当时，我正处于个人和家庭的困境中，管理团队不是我的第一要务，我无法将自己的全部注意力放在此事上。

当劳拉卸下领导重任时，史蒂文虽然不情愿，但不得不接手这项工作，因为他深知若自己不挺身而出，一切将停滞不前。史蒂文下定决心要倾尽所能。然而，他发现自己陷入了与劳拉相同的困境："自己光是维系生活就已经倾尽全力。我正在消耗所有的精力，而管理这个团队却需要源源不断的活力、乐观和斗志。"史蒂文逐渐意识到，"由失业者领导团队并不现实"。

CTG 的领导力困境在于，只有长期失业者才能根据切身经历发声，但让他们来担任领导，则意味着其将因忙于应对失业带来的经济和情感压力而无暇他顾，更不用说愿不愿意在媒体上抛头露面了。从一开始，我就理所当然地认为，这个团队有效的领导力只能来自那些亲身体验过失业痛苦的人，因此我坚决不担任领导职务，尽管我在重启训练营中的独白（在本章开头被引用）推动了 CTG 的成立。如今回想起来，我认为这是个错误。我们不应该假定那些参与制定倡导议程的人（包括直接经历失业的人），必须同时承担团队管理的日常事务和后勤领导工作。

尽管在倡议活动中发挥领导作用的同时还要面对自身失业的困境，这无疑是一项沉重的挑战——或许过于沉重，但我的采访显示，参与倡议活动所带来的益处远不止社会变革的胜利。其他益处还包括深厚的同志情谊、强烈的社群归属感，以及通过运用自身技能所获得的满足感。当莎伦加入 CTG 时，她因求职和失业的挫折而备感疲惫。但加入 CTG 为她带来了多方面的积极影响：

> 它让我重温工作中带给我满足感的那些经历，比如团队合作和成为团队的一部分。在 CTG 工作，几乎就像拥有了一份正式的工作，因为有会议要参加，有任务要完成，我们共同努力以达成某个目标。但更重要的是，我身处一群理解我处境的人之中。参与整个倡导日活动，我有了新的目标和任务，我可以运用在工作中常用到的技能，与那些并不与我从事相同工作的人一起努力。我们都在为同一个目标而奋斗。我们可以开始策略性地思考、规划，并掌控这个过程。它很像一份工作，我还从中获得了额外的满足感，那就是感觉自己正在为改善自己的处境和情况相似的他人的处境而努力。

一个以支持失业求职者为宗旨的组织，若能同时鼓励和推动倡议活动，便对求职者传递了一个强有力的信息：组织深知求职者所面临的挑战，其并非仅关乎提升个人求职技能或改善生活质量，而是需要整个社会的变革。对卡伦来说，“倡议活动之所以重要，是因为它表明人们正在严肃对待这个问题，而不是将其轻描淡写。这给予了我巨大的精神支持”。卡伦接触过其他支持组织，这些组织“对关于动员人们关注或承认不公平待遇的问题避而不谈，因为他们似乎更侧重为我们找到那些低薪工作”。

综上所述，提供倡议关注和集体活动的平台，应被视作为求职者提供支持的重要组成部分。

污名与政策挑战

在有效的倡议过程中，明确的政策要求往往不可或缺。对于长期失业者所面临的挑战，至少有两种政策解决方案：一种是实施改变雇用机制的政策，另一种则是通过延长和加强失业保险或其他政府资金支持使收入与就业脱钩。然而，当我问失业求职者希望看到哪些政策被实施，几乎无人提及失业保险或资金支持。我猜想，他们担心这会让他们背负更多的污名——不仅找不到工作，还乞求不应得的施舍。这将是我在下文中深入讨论的话题。相反，失业求职者更关注解决雇主歧视性招聘行为的政策，虽然他们中的大多数人对此类政策持怀疑态度，不认为其能根除雇主对年长的长期失业者的歧视。

年长的失业求职者面临基于年龄和失业时长的双重歧视。在本书的之前部分，我提到了一些研究，这些研究揭示了随着年龄的增长和失业时间的延长，与年轻或当前在职的同等资质候选人相比，年长的失业求职者被邀请面试的概率会大幅降低。我们该如何应对这一难题呢？对此，作为 CTG 的最初领导者，前工会组织者劳拉也深感“年龄歧视问题非常棘手。人们看到我丰富的经验，却将其解读为‘年龄过大’。我真的不知道该如何围绕这一点来制定政策”。对基于失业时长的歧视，也有类似的看法。保罗这样描述这一挑战：

> 我不知道你如何应对这种普遍心态，即人们总是认为，一旦失业超过两年，必然是你自身存在某种问题。尽管有人提出通过立法禁止这种歧视，但我认为这并不会产生实质效果。人们总能找到方法规避，并用其他理由来解释为何拒绝你。如果他们手中有 100 份简历，你怎么证明他们为何淘汰你的简历？你甚至不知道原因。

鉴于现行反歧视法中的硬约束措施，尤其是针对年龄歧视的法律，在帮助长期失业者方面似乎效果有限，许多求职者对采用激励措施寄予了更多期望，例如为雇用长期失业的年长者的公司提供税收优惠。就连那位希望大展拳脚的史蒂文，最终也建议实施税收减免政策：

> **我**：如果你能直接对州长或总统提出建议，你认为什么样的政策能奏效？
>
> **史蒂文**：必须让企业觉得雇用年长失业者有利可图。

比如，为雇用长期失业的年长者的公司提供税收优惠，并在一段时间内分担其支付的工资。我认为，只有经济上的激励才能真正引起人们的注意。毕竟，一切都与利益息息相关。

但是，单凭对雇主的激励政策很难激发变革运动。我无法预见在华盛顿或各州首府，抗议者会举行一场游行，并高举呼吁给公司减税的标语牌。

激励措施的有效性也仍存疑。2012 年，奥巴马政府试图通过树立良好公关形象来激励公司雇用长期失业者。他们曾尝试让美国大型公司签署一份承诺书。在白宫东厅举办的正式活动中，奥巴马总统在包括 ICT 在内的非营利组织领导者和专注于此问题的学者面前宣布，有 300 家大公司已签署了这份承诺书，承诺不再歧视长期失业者。在活动上，奥巴马总统诚恳地呼吁："他们只需要一个机会，一个能够不被那段失业经历所困扰的机会。"[12] 签署承诺书的公司的名称均被印在一本精美的手册上，声势浩大。然而，回到波士顿，在 ICT 的活动中，失业求职者曾短暂地以为那些曾做出承诺的公司会改变它们的做法。但现实并非如此。在承诺书签署两年后，我出席了一次劳工部会议，并询问了政府相关部门对该活动的跟进情况。结果显示，只有两家小公司做出了相应的改变，而大部分情况下，承诺书仅是一纸空谈。最终，奥巴马政府的这一举措让人们的希望破灭，并加深了他们对现实的失望。布伦达对此感慨道："我始终记得奥巴马总统的演讲。从白宫到国会及全国各地，政府和企业做出的那些空洞的承诺声称会解决这个问题，但无济于事。"

是否有充分的理由期待，如果 CTG 这样的活动能在更大范围内开展，就能够影响雇主的行为？从减少其他形式的雇主歧视（如性别、种族、年龄歧视）的记录来看，效果可谓喜忧参半。一方面，美国社会普遍认同雇主在招聘时不应存在歧视，这使得我们至少可以在政治上设想，反歧视法律能够进一步扩展，以覆盖更多类型的劳动者。然而，另一方面，尽管这些法律已经出台了几十年，但我们在本书第 2 章中所提到的年龄歧视问题依然存在。因此，在坚持强化反歧视立法的同时，我们也应该考虑扩大失业保险，甚至提升全民基本收入等政策。这些政策的好处在于，它们不依赖雇主行为的即刻改变，就能在一定程度上缓解与长期失业相关的个人财务危机，尽管并不能完全解决由此产生的社会和心理压力。

扩大失业救济与全民基本收入

失业的污名无处不在，这在美国公共政策中也不例外。美国在失业救济方面显得尤为吝啬。与其他发达经济体相比，美国的失业保险救济金通常只支付6个月，覆盖时间相对较短，且最多只相当于个人工资的一半左右。[13] 相比之下，丹麦等国家提供的救济可长达2年，能替代平均个人工资的70%。[14] 这一吝啬政策的背后，可能隐藏着优绩制度神话——这种神话在美国比在欧洲更为普遍和强大，它带来的污名化效应让人们认为，失业超过几个月的人就不再值得帮扶。[15]

通过慷慨地扩大失业救济金发放——在持续时间和替代失业工资的比例上增加支持，能极大缓解长期失业所带来的个人财务危机。[16] 此外，这样的政策调整还能传递出一个去污名化的重要信息：失业是一个具有社会根源和经济根源的深刻问题，而非单纯个人的过错。

鉴于延长和增强失业保险体系所带来的诸多益处，以及一个多世纪以来，失业保险一直是政府支持失业者的主要政策手段，为何我采访的失业求职者却很少提及这一政策呢？

失业求职者对失业保险作为潜在政策的讨论之匮乏，很可能与污名化的影响相关。他们可能认为要求更丰厚的救济就像在乞求不应得的施舍——这让他们感觉自己像本书第3章中描述的乞丐。回想一下，还记得本书第4章中求职者们谈及领取食品券或其他形式的福利时所感受到的羞耻和屈辱吗？

我的猜测是，污名化抑制了求职者对失业救济金的讨论，这一点可以通过分析少数提及这个问题的求职者的话印证。直格在回答我的开放式问题时表现出了先发制人的防御姿态：

我：对长期失业者来说，哪些政策可能有所帮助？

道格：有些人认为越给失业者提供救济，他们就越会拖延找工作——我认为这是一种清教徒式的偏见。这种观点往往是那些从未失业的人说的。我认为这很可悲，因为说到底，这关乎那些可能因缺乏政府援助而真正受苦的人，以及他们的孩子，而政府却忙于拯救银行等事情。

少数几位提出延长或扩大失业救济金的人，并没有主张普遍增加对所有失业者的救济，而是通过强调自身特殊情况表明自己值得拥有这样的福利——他们有强烈的需求，或者在失业前已经工作了很长时间。例如，金伯莉主张一种根据个人需求水平来调整福利的政策：

> 应该有一种基于个人实际情况的额外救济。并非所有失业者都是单身母亲，独自抚养孩子且拿不到前夫的抚养费。作为一个单身母亲，我时常感到孤独无助。我没有人可以依靠，一切都只能靠自己。然而，当夫妻二人中有一人仍在工作时，他们仍然能维持一定的收入。

金伯莉还从另一个角度阐述了为何她应获得更多救济，她以多年的工作经历为由，明确地将自己与那些不值得救济的失业者区分开来：

> 我从16岁起就开始工作，现在58岁了。我发现失业救济金只支付一段时间的做法是带有侮辱性的。我认为他们应该根据一个人实际的工作年限和对国家的贡献来发放失业救济金，而不是发放固定的数额。对那些曾真正付出了大量努力并做出了很多贡献的失业者，应该给予一些帮助。我认为有些领取失业救济金的人并没有工作很久，但他们得到的金额与那些工作了很长时间的人一样长。我认为这是不公平的。这让我感到很沮丧。我想："我工作了这么多年，大约有40年了，但我得到救济的周期与别人一样长。"这让我有些难以接受。

在普遍存在的污名化和本书所描述的财务、情感和人际关系危机的重压下，失业求职者难免会产生"择优救济"的倾向，即主张将财政援助限定于自己类似的"应得者"。这种心态固然可以理解，但从政治效应来看，更具建设性的政策当致力于扩大而非收缩保障范围，惠及更广泛的弱势劳动者群体。倡导提高慷慨程度和扩大支持范围的政策，更有可能在其他生活不稳定的劳动者中赢得支持，并可能形成一个更大的政治联盟。失业者只是冰山一角，这座冰山还包括数百万的短期合同工、零工经济劳动者、非自愿从事兼职且工作时间不定的劳动者，以及那些从事无法维持生计的工作而长期处于经济焦虑中的劳动者。

前一章所讨论的基于社会学的支持，旨在提高人们对那些影响个人经济命运且不受个人控制的共同外部因素的认识，其可能推动针对解决失业和就业不稳定性问题的政策倡导。在采取社会学方法并将不同情况的失业者和就业不稳定的劳动者汇聚一堂的支持环境中，参与者可能会意识到他们所面临的挑战跨越了阶级界限和其他社会分歧。[17]

若政策摆脱污名化会怎样
——从新冠肺炎疫情应对中得到的启示

若能摆脱污名化思维与优绩制度神话，我们制定的政策必将更加普惠而慷慨。回顾美国相关部门在新冠肺炎疫情引发经济衰退时做出的应对策略，我们能得到深刻的启示。在新冠肺炎疫情初期，失业的污名被暂时消解，失业者被单纯地视为因不可抗力因素而找不到工作的人。随着污名消弭，两党迅速达成共识，推出了远超常规标准的失业救济方案：不仅大幅提高补助金额，更首次将零工经济从业者等传统保障体系外的劳动者纳入覆盖范围。

要实施一个更加宏大、全面且基础广泛的政策，以解决大多数美国劳动者的脆弱性问题，全民基本收入（以下简称UBI）是一个可行的选择。作为倡导的重点，UBI 有望获得广泛的政治支持，因为它触及的不仅是失业者的经济焦虑和不安全感，还有众多处于不稳状况下的劳动者的心声。[13] 正如扩大失业保险的实践所示，新冠肺炎疫情初期的立法应对——包括向全体国民无条件发放现金补助（本质上是临时性UBI）——表明在污名化减少的背景下，此类政策具有实施的可行性。更广泛地说，新冠肺炎疫情期间的相关应对措施揭示了，当社会普遍认识到经济困境并非个人过错，而是源于不可抗的外力时，政策将截然不同。因此，从社会学的角度理解不稳定就业问题，我们有望像2020年春天面对新冠肺炎疫情时一样，看清优绩制度神话，并认识到美国资本主义是如何给大多数个体带来无法控制的经济不安全感的。

最后，像UBI这样的政策，不仅以无条件的经济支持形式提供了物质上的利益，更重要的是，它在象征意义上挑战了普遍存在的失业污名背后的优绩制度神话。通过将基本收入与就业状态解绑，UBI传递了一个明确的信息：每个人都应享有基本的生活保障。这一举措间接地认可了就业市场并非衡量个人价值的唯一标准，也并非总能带来公平或理想的结果。这一政策信息本身就有助于逐步削弱本书中提到的顽固污名。更进一步说，倡导UBI的过程可能会激发一场亟需的社会讨论，让我们对主流文化中关于尊严、平等，以及避免污名化的观念进行深入的批判性分析。换言之，它将直接挑战优绩制度神话的核心预设，以及隐藏在其背后的污名陷阱。

失业污名为何难以消除

本书所描述的失业劳动者从根本上动摇了优绩制度神话。他们曾接受高等教育，甚至毕业于顶尖学府，拥有辉煌的职业生涯和丰富的工作经验，如今却陷入找不到工作的困境。他们与本书读者并无二致，包括那些目前事业有成的人。通过这些长期失业者与他人交往的经历，我们可以理解优绩制度神话的另一面——它如何造成了残酷的污名。这种污名如同幽灵般无处不在：招聘经理筛选简历时的微妙偏见、失业者向亲友求助时的欲言又止、职业顾问指导中的潜在评判，乃至社会保障政策隐含的道德审查——在不同情境中，我们能观察到同一套污名逻辑的运作。

在美国，失业污名的普遍性和持久性深受优绩制度神话的影响。然而，在我们周围充斥着不符合优绩制度论结果的情况下，这个神话为何仍能持续存在并得以延续呢？

要深入理解这个神话为何如此顽固，我们可以从文化和制度层面进行剖析。美国文化长期强调个人主义，这种文化假设个体凭借自身的努力和技能，能够掌控自己的命运，无论是在就业市场还是其他方面。[19] 这一文化假设在美国资本主义制度的核心中得到了体现，雇主在招聘时往往以候选人的能力作为评估和选择的依据。从幼年时期开始，我们的教育制度便通过测试和排名来塑造我们对能力的认知。从小学起，老师和家长便鼓励我们勤奋学习，并相信成绩能够反映出我们的努力和能力。[20] 当我们从学校步入职场时，我们已经习惯于将雇主的评价和选择视为自身能力的反映。[21]

在美国长大的人，很难不受优绩制度神话的影响。[22] 这一神话被广泛接受和内化，既受到个人主义文化和教育制度的影响，也与政府在美国社会中的角色密不可分。在美国资本主义模式下，政府通过其政策和行为不断强化这一神话。相比之下，在北欧国家，如丹麦和瑞典，政府通过慷慨的福利政策为民众提供物质保障，这象征性地传达了一种不同的价值观——赋予每个人价值认可与制度支持，不论他们在就业市场中的表现如何。而在美国，由于缺乏有效的社会保障体系，个人价值与就业市场成果之间的联系被进一步加固，从而强化了优绩制度神话的合理性。[23]

要理解优绩制度神话的顽固性，主流的文化信息和制度发挥着关键作用。但同样不容忽视的是，我们在日常生活中往往倾向于运用且不断复制这一神话，因为它似乎为我们提供了应对美国资本主义制度下的不确定性和不稳定性的一种心理慰藉。换句话说，我们在日常生活中不自觉地践行着这一神话，因为当我们不得不参与社会游戏时，它能为我们稍微减轻焦虑感，尽管我们在参与的同时，就无形中强化了这一游戏的存在。[24]

在美国资本主义制度的背景下，由于极度的不稳定性和不平等性，优绩制度神话成为许多人的安慰剂。本书中所描述的失业者面临的困境，对其周围的人来说是极其可怕的，因为正是这些人曾经取得的辉煌成就，让其他人难以接受他们也会遭遇失败的事实。如果连他们的职业生涯都可以如此轻易地崩溃，那么任何人都可能面对同样的困境。为了避免这一令人不安的结论，我们倾向于寻找他们失业的原因——他们做错了什么，而且认为我们可以避免重蹈覆辙。正如本书所展示的，我们努力探寻能够解释失业者遭遇困境的原因，而非反思这些案例如何挑战了我们一贯所持的关于努力和技能将保护我们不会失业的信念。[25] 正如现代社会学奠基人之一马克斯·韦伯所洞察的："幸运的人很少对自己的幸运感到满足，他们更希望确信这份幸运是理所当然的。他想让人确信这是他应得的，最重要的是，与其他人相比，他当之无愧。他希望人们相信，不幸的人也只是经历了他应得的。"[26]

或许我们深知，在美国资本主义的舞台上，我们都被迫参与了一场不公平的游戏，而优绩制度神话只是其中的虚形幻影。然而，我们仍会不自觉地被这一神话引诱，认为它是规避焦虑的捷径——我们用它自我安慰，同时也向自己孩子灌输努力与天赋将决定最终结果的信念。面对日益加剧的不确定性和不平等，我们对自己的命运深感恐惧，寻求心灵的慰藉便成了常态。在美国，无论经济阶层如何，包括中上层阶级，都普遍感受到压力和焦虑，他们害怕从成功的阶梯上跌落（或担心孩子会跌落），这种恐惧与从未获得成功的焦虑同样强烈。[27] 因此，我们迫切地坚持这样一个信念，正如韦伯所言，我们的好运是自己应得的。优绩制度神话可能是人在压力之下随机采取的一种策略。但这一策略带来的后果是沉重的——它不仅给那些真正跌落或稍微滑倒的人贴上了污名的标签，如韦伯所言，它还让人们深信"不幸的人也只是经历了他应得的"。

我们都被一个事实所困：尽管我们的行为和思考方式可能在短期内为我们带来些许安慰，但我们在无意识中与其他人一起，重复着一个具有破坏性的神话。从社会层面看，我们正在复制一种文化观念——将社会的缺陷归咎于个体，真正的缺陷却未能得到应有的关注。在人际关系层面，我们在他人最需要同情与支持时，却常常给予其评判和污名，即使对待自己的朋友和亲人也不例外。此外，对这个神话的信仰还会让我们在遭遇无法控制的挫折时，感到羞耻和自责。正如本书所揭示的，这种信仰最终可能会严重损害我们的自我认知。

要摆脱当前的困境，最直接的方式就是勇敢面对优绩制度神话及其带来的污名标签。首先，我们需要认清自己和他人的内在假设，以及这些假设背后更宏大的社会力量。这种自我认识并非遥不可及。本书第 6 章中所描述的针对失业求职者的社会学支持形式，是让他们通过与同处境伙伴间的开放讨论，培养批判意识，使他们更清晰地认识到失业困境源于社会因素，而非个人缺陷。为了推动社会层面的深刻变革，我们需要在更广泛的领域内进行这种基于社会学的同处境伙伴间的讨论。这种讨论不应仅限于失业求职者的支持环境，而应渗透美国每个家庭的餐桌、每个教室、每个工作场所，且最终触及政治领域。作为社会中的一员，你我都有责任与家人、朋友，在工作场所和政治团体中，发起并推动这样的讨论。

致　谢

本书的问世，离不开众多人士的付出与努力。首先，我要向接受本书采访的所有人表示衷心的感谢，他们无私地分享了自己生命中的痛苦经历。他们的这些故事构成了本书的核心。同时，本书的另一个重要内容，也是更大的一个课题——支持并研究长期失业求职者所面临的挑战，得到了许多职业发展导师和顾问的鼎力相助，他们自愿为ICT和失业求职者提供了宝贵的支持。他们是：凯丝·艾默里、马克·比德尔、阿琳·布拉德利、德博拉·伯克霍尔德、凯瑟琳·巴特勒、马特·凯西、莫·钱穆罕、阿诺德·克里克斯坦、特丝·戴德曼、乔安妮·丹尼森、莉·多尔蒂、罗伯特·多兰、苏济·德拉普金、南希·杜布、德布·埃尔鲍姆、玛丽昂·艾蒂安、梅琳达·法比亚诺、德布拉·费思·豪斯、德博拉·费德里科、玛吉·弗伦奇、阿林·加德纳、温迪·加夫利克、塔米·吉勒·泽布、苏珊娜·格林沃尔德、安妮·格里夫斯、梅拉妮·哈蒙、克莱尔·哈洛、姬特·海斯、戴尔·欣肖、简·霍奇斯、理查德·约翰逊、辛迪·基、拉谢尔·拉皮宁、帕姆·拉西特、埃德·劳伦斯、劳伦·勒米厄、盖尔·利布哈贝尔、黛比·利普顿、艾米·马祖尔、汤姆·麦克多诺、威尔玛·纳克辛、多萝西·奥贝恩、香农·奥布赖恩、萨拉·帕塞尔、邦妮·彼得罗维奇、玛莎·普洛特金、珍妮弗·里格斯、艾琳·拉德曼、卡伦·塞缪尔森、莉萨·夏皮罗、罗宾·斯莱文、简·斯图尔特、珍妮弗·斯特拉顿、蒂什·韦克菲尔德、帕特里夏·韦茨曼和洛乌·叶尔金。此外，我还要感谢转型解决方案公司（Transition Solutions）的弗雷德·斯塔德利，他为 ICT 提供了 7 次免费的职务咨询。正是有了他们的帮助，本书才能顺利完成。

我要特别感谢德博拉·伯克霍尔德和艾米·马祖尔为本书做出的巨大贡献。她们在 ICT 中扮演了关键的领导角色，帮助招募了众多职业发展导师和顾问参与本项目，并在诸多方面推动了 ICT 的顺利运作。德博拉·伯克霍尔德凭借其辛勤工作和卓越的组织能力，推动 ICT 众多活动顺利举行；而艾米·马祖尔在咨询领域丰富的专业知识，在 ICT 为求职者提供支持形式的发展过程中起到了关键作用。

米歇尔·罗辛在我启动 ICT 的过程中发挥了至关重要的作用，值得特别赞扬。她创建了我们的第一个网站，编写并发布了调查问卷，为求职者匹配职业发展导师，并完成了许多其他工作。同时，我也非常感谢亚历山德拉·瓦斯克斯，她完成了许多与求职者的初步访谈，并帮助分析了早期的访谈数据。在项目接近尾声时，一些职业发展导师、顾问和其他人士也参与了求职者的访谈工作，包括艾米·马祖尔、阿林·加德纳、拉谢尔·拉皮宁、玛莎·普洛特金、塔米·古勒·洛布、蒂什·韦克菲尔德、德布·埃尔鲍姆、埃德·劳伦斯、罗宾·斯莱文、米歇尔·墨菲、盖尔·利布哈贝尔。此外，我还要感谢格克切·巴什布，他帮助设计了本研究参与者的初步筛选流程、求职者调查问卷，并分析了相关调查数据。同样，我也要感谢兰德·盖亚德、戴尔·欣肖和萨拉·韦德曼在数据分析和其他研究方面提供的支持。

戴维·布卢斯坦作为ICT工作的坚定盟友，一直给予我们莫大的支持，并领导WIN为失业求职者提供了关键支持。WIN致力于培训职业发展导师和顾问，为求职者提供第6章所讨论的批判意识与社会学视角的专业支持。苏珊·乔伊斯对ICT和本项目的支持同样至关重要，她不仅让我对失业求职者所面临的挑战有了更深刻的理解，还为我引荐了众多本书中所采访的招聘者，包括理查德·N. 博尔斯。

我衷心感激马萨诸塞大学阿默斯特分校的同事们在本书稿完成的不同阶段给予我的宝贵反馈，特别是艾米·沙莱特、塞德里克·德·莱昂、法琳·帕尔韦兹、布赖恩·萨金特和米利安·康与我进行的深入交流。此外，伊拉娜·格申、唐·诺里斯、安妮特·涅罗比兹、阿利娅·拉奥、帕特里克·希恩、萨比娜·普尔茨的反馈和见解也对我帮助良多。与格里·克里斯平、亚历克斯·弗罗因德、杰里·鲁宾和伊丽莎白·怀特等人的交流，也加深了我对失业问题的思考。

我非常感谢约翰·埃尔德对本书的出色编辑，他帮助我减少了对社会学术语的依赖，使这本书更易读。我也从德博拉·伯克霍尔德、艾米·马祖尔和埃德·劳伦斯那里得到了有益的编辑建议。还要特别感谢我出色的录音打字转录员谢丽·波茨，同样也要感谢阿莱克西·贝克托尔德、匿名审稿人和牛津大学出版社的整个团队。特别感谢詹姆斯·库克，他为本书提出了极其有用的建议，并始终坚定地支持这本书。

我还要感谢美国退休人员协会基金会提供的赠款，这笔赠款为这个项目提供了至关重要的早期资金。

最后，我无法用言语表达对我的孩子们——阿维列夫、塔莉娅和以利亚——的感激之情。在整个项目过程中，他们一直给予我无尽的爱和支持，尤其是在这本书的截稿日期临近时，他们对我的耐心和理解更是让我感激不尽。

附　录

本书背后的故事与研究方法

本书的研究旨在提出关于长期失业的新观点，并给予参与本研究而让本书得以完成的失业者以实际的支持。为了招募受访者参与这项研究，我为他们提供了免费的求职支持——采用社会学方法的支持，而不是主流的求职自助模式的支持。在我之前出版的一本书中，我研究了一个求职自助支持组织。该组织专注于传达一个信息，即找工作仅是提高求职技巧并保持积极态度的问题，这间接地将失业归咎于求职者自身，并将其污名化。鉴于求职自助方法的危害，我决定在自己今后进行的任何关于失业的研究中，都提供这种基于社会学的支持，并明确其旨在消除失业的污名化。

本项目始于 2013 年夏天，当时我通过参与专业协会会议、加入电子邮件列表服务，以及借助口碑传播等方式，主动与波士顿地区的职业发展导师和顾问取得联系。截至 2013 年，经济大萧条带来的高失业率虽已明显呈下降趋势，但在公众视线之外，仍有数百万人深陷长期失业的困境，且这一比例达到了历史高位。[1] 在与职业发展导师们交流时，我强调了长期失业危机的严重性，并分享了自己新书中关于求职自助支持形式可能加剧长期失业所带来的挑战的研究发现。在详细地描述了这一背景后，我询问职业发展导师们是否愿意为失业者提供免费的支持，并根据我的研究结果调整他们提供支持的方法。同时，我请他们允许我对其支持工作的成果进行深入研究。2013 年秋天，我在家中举办了几次职业发展导师会议，我在会上深入阐述了求职自助支持的不足之处，以及本书第 6 章开头所述的，这种支持方式如何加剧污名内化。此外，我还分享了其他关于长期失业的社会学研究成果，包括一些研究显示雇主对长期失业求职者的歧视，以及其他研究揭示的长期失业给个人带来的情感压力。到了 2013 年 11 月，已有 42 位职业发展导师自愿参与我的项目，并愿意与我为他们匹配的长期失业求职者建立联系，且提供为期三个月的免费支持。[2] 随着项目的推进，越来越多的职业发展导师自愿加入我们的行列。

最终，共有 63 名职业发展导师自愿参与了此项目，为 539 名失业求职者提供了宝贵支持。他们并非为报酬而来，而是被能直接和间接地通过支持和研究帮助长期失业求职者的机会所驱动。我能成功招募到这么多志愿者，一个关键因素是我为他们提供了从研究初期就参与进来的机会。我不仅与他们分享了我先前的研究成果，还征求了他们的专业意见。他们作为一线求职援助专业人士，积累了丰富经验，对失业劳动者的困境有深刻的理解。这些职业发展导师之所以积极参与研究，是因为这既能优化现有的就业支持体系，也能促进自身的专业成长。

从 2013 年秋季至 2015 年春季，在刚从韦尔斯利学院毕业的米歇尔·罗辛的帮助下，我们成功地为 170 名长期失业的求职者匹配了职业发展导师，并提供了为期三个月的每周一对一或小组形式的支持。随后，从 2015 年春季开始，我们的支持形式转型为密集的重启训练营模式，这些训练营为期一日或两日，由职业发展导师志愿者和我共同主持，吸引了 50～100 名求职者参与互动研讨会。在接下来的 2015—2017 年，通过五次重启训练营活动，我们又为另外 320 名求职者提供了支持。2017 年，支持形式再次更新，推出了名为“协作实验室”的更为紧凑的项目，该项目将就业支持与共享办公空间相结合，通过组建小型求职社群，让求职者们在互助共进的社群氛围中开展求职活动。在我为本书收集数据的期间，共有 49 名求职者参与了协作实验室项目。尽管支持的形式随着时间的推移不断演变，但其中一些关键的支持特征，特别是其基于社会学的支持实践方法始终如一，并在本书第 6 章中进行了详尽的描述。

在 2013—2018 年接受支持的 539 名失业求职者中，我深入采访了 139 名求职者。其中，51 名求职者在接受支持前后都接受了采访，35 名求职者仅在接受支持前接受了采访，而 53 名求职者则在接受支持后接受了采访。最终确定采访人数的依据是信息饱和点，即进一步采访无法提供多少新的、令人惊讶的信息。[3] 这些采访皆由我亲自进行，同时布兰迪斯大学的研究生亚历山德拉·瓦斯克斯也进行了协助。在后续阶段，一些职业发展导师志愿者也进行了对求职者（非他们直接支持的求职者）的采访，这些志愿者是艾米·马祖尔、阿林·加德纳、拉谢尔·拉皮宁、玛莎·普洛特金、塔米·古勒·洛布、蒂什·韦克菲尔德、德布·埃尔鲍姆、埃德·劳伦斯、盖尔·利布哈贝尔和罗宾·斯莱文。

除了传统的采访方式，我从 2015 年开始尝试将本研究与支持活动相结合，并鼓励求职者相互进行一对一访谈以收集数据。在参与重启训练营活动前，相关求职者会被随机配对，并进行一个小时的电话交谈。在前 30 分钟，一名求职者会向另一名求职者提出几个关于求职和失业经历的宽泛问题，在接下来的 30 分钟里，他们将互换角色提问。共有 32 名求职者参与了这些被详细记录和转录的一对一访谈。这些访谈为我提供了独特且宝贵的数据，这些数据是通过其他方式难以获取的。例如，在本书第 4 章中，我们可以看到史蒂文在一对一访谈中问利亚姆关于工作日去健身房的感受，利亚姆坦诚地分享了自己在公共场合的不自在和失业的焦虑。史蒂文问的这个问题，源于他对失业的深切体会，他在同一次访谈中也透露了自己不愿在工作日外出取邮件，怕被邻居察觉到自己失业的尴尬。除了这些宝贵的数据，一对一访谈还成了求职者之间的一种相互支持的方式。一位受访求职者表示："这次一对一访谈让我感觉不再孤单，因为我们经历相似。"在另一次访谈结束时，有受访求职者感慨道："谢谢你愿意倾听，这让我感受到了很大的支持。"在本书中，我主要引用了那些接受了深入访谈的求职者间的一对一访谈内容。

招募与样本

为了招募长期失业求职者参与这项研究，我积极联系了美国波士顿地区的职业中心、社交团体和图书馆，并请他们向求职者传达一个信息：同意参与研究者即可获得免费的求职支持。感兴趣的求职者通过电子邮件与我联系后，需完成一份简短的调查，以确认他们是否符合以下条件：（1）失业时长至少达 6 个月，（2）年龄在 40~65 岁，（3）曾从事白领职业，（4）目前在波士顿地区寻找工作机会。

在深入讨论这些具体标准之前，我们必须正视一个潜在的问题——自选择偏差。由于本次研究的受访求职者是在免费求职支持的吸引下参与的，我们的样本很可能偏向于那些仍保有求职动机并愿意接受帮助的求职者。这就意味着，那些因长期失业而极度沮丧、缺乏求职动力的求职者，或是过度自信、认为自己不需要帮助的求职者，都可能未在样本中得到充分体现。然而，考虑到这种自选择偏差可能导致样本中同时缺乏两类极端对象——心灰意冷的消极求职者和过度自信的主动求职者，我认为它不太可能对本书关于污名化体验的关键发现产生系统性影响。

本研究的受访者的基本人口特征如下：平均年龄 56 岁，男女比例大致均衡，男性占 52%，女性占 48%；64% 的受访者已婚；从种族分布来看，89% 的受访者是白人，4% 是非裔美国人，4% 是亚裔，[4] 2% 是拉丁裔，剩余 1% 为其他种族。与全美国白领劳动者的种族比例相比，我们的样本中白人失业求职者占比偏高，而非裔美国人和拉丁裔失业求职者占比较低。

本研究设定的具体参与标准体现了目标性抽样原则，这种抽样方法适用于探究特定社会过程或拓展理论框架的研究设计。[5] 本研究主要关注长期失业的白领劳动者，他们大多上过大学，甚至拥有研究生学位。之所以选择这一群体作为研究对象，是因为我希望通过考察这些在社会学主流观点看来最不容易陷入污名困境的劳动者，来揭示污名陷阱背后的形成机制与作用力量。我试图破解这个社会学谜题：为何那些在标准社会学分类中享有阶级、教育和文化资本优势的群体（其中很多人在种族和性别方面也占优势），仍然会遭受污名化，并被排除在就业市场之外。现有的社会学理论并没有为这类群体——如受过高等教育的白人男性——所面临的经济不稳定和生活困境提供清晰的解释。然而，先前的研究已经表明，污名化和污名内化在这类劳动者中普遍存在，[6]且一旦失业，他们陷入长期失业的可能性与受教育程度较低的劳动者相当，甚至更高。[7]

本研究聚焦 40~65 岁的年长劳动者，这是因为过往研究显示，相较于年轻劳动者，年长劳动者更容易陷入长期失业的困境。[8]本研究的核心目标之一是深入剖析导致这种困境的各种因素。此外，我特意将样本范围限定在美国波士顿地区的求职者，原因主要有以下两点。首先，就业市场的状况在不同地理区域间存在较大差异，这些差异可能会影响失业者的实际体验。由于本研究旨在探寻长期失业求职者之间的共同经历模式，我力求减少诸如地理位置差异等外部因素对研究结果的干扰。其次，考虑到研究的实际操作性，将求职者限定在波士顿地区也显得尤为关键，因为研究过程中需要接受来自波士顿地区的职业发展导师的支持，而这种支持大多是通过面对面的方式提供的。

本研究的样本群体具有高学历和卓越的专业背景。从他们过往的职业领域和职位来看，科技、生物技术、医疗保健、销售与市场营销、金融保险、企业或非营利组织管理，以及教育，占据了主流。就职位层级而言，有 52% 的受访者自评为“资深专业人士”，26% 为“管理层”，22% 曾担任“高管”。

平均而言，他们拥有 27 年的工作经验。多数求职者在过去 10 年中仅从事过一到两份全职工作，这表明他们并非长期失业者，也不是雇主口中的“频繁跳槽者”。[9] 鉴于样本中近半数为管理层或资深专业人士，且他们在上一个全职职位上积累了丰富的工作经验，而且我们可以发现，他们的收入水平也相当可观。具体而言，50% 的受访者年收入在 5 万 ~ 9 万美元，42% 的受访者年收入超过 10 万美元，仅有 8% 的受访者年收入低于 5 万美元。

在失业时长方面，本研究中所有受访者均至少失业 6 个月。具体来说，29% 的求职者失业 6 个月至一年，35% 的求职者失业一至两年，而 36% 的求职者为失业超过两年的长期失业者。

访谈与编码

本次研究的所有访谈均采用半结构化形式，通过面对面、电话或视频会议的形式进行，时长在 60~120 分钟。在求职者接受支持前的访谈中，我们询问了关于求职经历的问题，包括他们与潜在雇主的互动、人际关系网的构建，以及失业对自身情绪健康和重要人际关系的影响。在这些求职者接受支持后的访谈中，我们除了询问类似的问题，还就他们收到的支持效果进行了一系列提问。相关的访谈内容均被记录、转录，并使用 NVivo 软件进行编码。首先基于现有理论中的广泛概念进行编码，如“污名化”（Goffman，1963）或“自责”（Sharone，2013），同时也根据访谈数据中归纳出的新概念进行编码，如“乞丐”或“二手车推销员”。随后，对应大量数据的编码被进一步细分为多个子编码。

访谈招聘者与 MIT 斯隆管理学院校友

为了补充我的数据，并为长期失业求职者的经历和所面临的障碍提供背景信息，我还采访了 20 位招聘者，他们的工作涉及审核和筛选各类白领职位的求职申请。我通过职业发展导师、职业中心，以及与我长期合作的伙伴苏珊·乔伊斯的介绍，联系到了这些招聘者。苏珊当时运营着一个著名的求职网站，在招聘方面人脉广泛。就自选择偏差而言，参与本研究的招聘者都知道本次研究的重点是探讨年长的长期失业者所面临的障碍和挑战。既然他们是支持此类研究的，那么我们可以合理假设，如果招聘者中存在任何自选择偏差，那么这种偏差将使他们对长期失业求职者的困境表现出更多的同情，并可能因面临较高的社会期望压力，而更加公正地讨论该如何对待这类求职者。因此，这种潜在的偏见进一步证实了本书第 2 章中所报告的发现，即雇主偏见如何导致年长者和长期失业者遭受系统性排斥。

在我对招聘者的访谈中，我询问了他们审核求职者的一般流程，特别是他们如何定义失业（包括长期失业）；如何看待年长的劳动者，或求职者申请的工作级别低于他们上一份工作，抑或求职者希望在中年时转行等情况。我还询问了他们如何理解现有研究成果所显示的，无论受教育程度和资历如何，年长劳动者最有可能陷入长期失业的困境。

最后，为了招募 MIT 斯隆管理学院的校友，以进行本书第 3 章中关于建立人际关系网的访谈，我从斯隆管理学院校友办公室获取了最新的完整校友名单，并随机选择了 18 名校友进行联系。我向他们自我介绍为 MIT 斯隆管理学院的一名在职教授（当时我是该学院的教授），正在研究斯隆校友人际关系网中的社交联系。绝大多数校友，即 18 名中有 15 名，同意接受简短的电话访谈。在访谈中，我询问了他们如何回应来自其他斯隆校友或在校学生的典型社交联系信息，以及他们如何特别回应一位失业一年的斯隆校友的社交联系。鉴于访谈对象的随机选择和较高的响应率，本研究结果受自选择偏差影响的可能性较低。

注　释

第 1 章

1. 长期失业只是工作不稳定的一种形式，尽管它可能是表征最强烈的一种形式。关于工作的不稳定性和不安全感的更广泛的讨论，参见例如 Kalleberg（2018）和 Pugh（2015）。
2. 调查显示，绝大多数美国劳动者担心工作保障（Van Horn 2013）。另见 Gershon（2017）。
3. 研究表明，拥有大学学历的劳动者陷入长期失业的可能性与没有大学学历的劳动者相同或更高，这些研究包括 Krueger、Cramer 和 Cho（2014），Van Horn（2013），EPI（2020），Lopez 和 Philips（2019），Norris（2016），以及美国总统行政办公室（2014）。例如，Krueger、Cramer 和 Cho（2014）基于当前人口调查数据的研究，以及美国总统行政办公室（2014）引用美国劳工统计局数据的报告都显示，长期失业者的受教育程度与短期失业者相当或略高。另见 Sharone 等人（2015），Stettner 和 Wenger（2003），Mishel、Bernstein 和 Allegretto（2007）的研究。即使是学历最高、资历最深、经验最丰富的劳动者也可能陷入长期失业的困境，而且矛盾的是，他们的失业率与学历较低的劳动者的失业率相同甚至更高。这一点在为本研究招募求职者的过程中表现得意味深长。为了参与这项研究，求职者需要填写一份包含个人基本信息的简短调查问卷，包括自己的教育背景和失业时长。最初，有 800 名失业求职者完成了问卷，但其中许多人因失业不足 6 个月而不具备参与此项研究的资格。在查看注册信息的过程中，我的同事格克切·巴什布注意到，从注册的 800 人推断，失业超过 6 个月的人拥有高级别学位的可能性比短期失业者更高。具体来说，在我们最初的注册调查受访者中，拥有博士学位的长期失业者为 6.3%，而拥有该学历的短期失业者仅为 3.4%；拥有专业学位的长期失业求职者为 12.5%，而拥有该学历的短期失业求职者仅为 7.7%（Sharone 等人，2015）。

4. 短期失业求职者与长期失业求职者的特征大体上非常相似，但长期失业求职者中年长者和非裔美国人的比例较高。在年龄方面，Van Horn（2013）的研究表明，即使考虑到健康、受教育程度和收入等因素，被解雇的老年劳动者长期失业的可能性远大于年轻劳动者。另见 Monge-Naranjo 和 Sohail（2015）、Evangelist 和 Christman（2013）以及施瓦茨经济政策分析中心（2018）的研究。从历史上看，超过 55 岁的失业求职者陷入长期失业的比例显著高于一般人口。这一趋势在大衰退期间及之后变得更加明显，当时超过 50% 的 55 岁以上失业求职者处于长期失业状态，这一数字在 2021 年保持在 40%~50% 的范围内（施瓦茨经济政策分析中心，2018；AARP，2021）。另一个长期失业的预测因素是非裔美国血统。例如，在 2014 年，39.6% 的失业非裔美国人是长期失业者，而白人失业者中这一比例为 31.5%（Pedulla，2020；另见 Mitchell，2013）。新冠肺炎疫情带来的长期失业率上升在很大程度上符合这一历史人口模式，长期失业率上升最快的是 45~64 岁的老年劳动者、非裔美国劳动者，但出乎意料的是，也包括亚裔美国劳动者（皮尤研究中心，2021）。

5. 参见 Pedulla（2020）。关于政客公开表达这种污名化的情况，参见 Damaske（2021）。

6. Faberman et al.（2017）；McDonald et al.（2019）；Atkinson，Giles，and Meager（1996）.
7. 例如，Kroft、Lange 和 Notowidigdo（2013），Pedulla（2020），Ghayad（2013），Faberman 等人（2017）的研究都提到了失业对求职者的影响。在 Farber、Silverman 和 von Wachter（2016）的研究中，研究人员发现失业对申请行政支持职位的女性求职者没有产生负面影响，但如果申请者的年龄超过 50 岁，则会产生负面影响。
8. 污名内化、自责和认为自己有缺陷是我前作《有缺陷的系统 / 有缺陷的自我：求职与失业经历》（Sharone 2013）中的重要关注点，该书发现这些经历在美国白领劳动者中尤为普遍。类似的结果也出现在对 125 名长期失业求职者的调查中，对注册参与这项研究的大多数人来说，他们考虑的是："有时我担心自己有什么问题会妨碍我找到工作。"Blustein（2019，188）也发现了美国失业求职者中的自责现象，他说："Sharone 的作品中明显的自责主题在本研究中得到了印证，这一心理机制是失业和心理健康问题之间因果联系的重要组成部分。"其他研究也指出了自责与抑郁（例如，Peterson，Schwartz，and Seligman 1981）、自责与不良健康结果（例如，Rantakeisu，Starrin，and Hagquist 1999；Eales 1989；Creed and Bartrum 2007）以及自责与求职挫折（例如，Kanfer，Wanberg，and Kantrowitz 2001；Kaufman 1982）之间的联系。自责的普遍性也得到了 Newman（1999），Smith（2001），Cottle（2001），Uchitelle（2006），Chen（2015），Norris（2016），Rao（2020），Zukin、Van Horn 和 Stone（2011），以及 Komarovsky（1940）等研究的支持。Damaske（2021）和 Lane（2011）都发现，女性比男性更容易自责。Lopez 和 Phillips（2019）在经济大衰退后采访了美国的失业求职者，发现他们既自责，也归咎于外部因素，如不公平的招聘系统。在一项专注于非裔美国人的研究中，Lamont 等人（2019，98）发现，他们的大多数受访者"在面对失业时，倾向于自力更生和自责"。除了失业的背景，Lamont

等人（2019）还讨论了以下两项研究：劳动者因无法完成大学学业而自责，以及非裔美国人在面对种族不平等问题时更倾向于个体主义的解释，而非结构性的解释。Lamont 等人（2019）将这种广泛的自责模式与第 1 章中讨论的新自由资本主义和优绩主义神话联系起来。类似地，Cech（2021，11）将新自由资本主义和“优绩主义意识形态”与自责联系起来，声称“新自由资本主义提倡个体应对自己的经济和社会成功负全责”。她特别指出，当大学生在寻找他们“热衷”的工作而遇到困难时，他们往往“将这些困难归咎于自己的决定，即使结构性障碍显而易见”（Cech 2021，175）。

9. 有几本很好的书探讨了失业经历如何因性别而异，如何影响配偶和家庭，以及如何塑造我们的身份（Lane 2011、Gershon 2017、Norris 2016、Damaske 2021 和 Rao 2020）。我的前作《有缺陷的系统 / 有缺陷的自我：求职与失业经历》（Sharone 2013）探讨了这些经历如何因国家而异。本书首次系统性地揭示了污名化如何全方位地影响长期失业者的生活境遇，并深入剖析多重压力如何交织成难以逃脱的失业陷阱。

10. Goffman（1963，3）将污名化的定义分为 4 部分表述：当（1）“人们区分并标记人类差异”，（2）被标记的人与“不受欢迎的特征”联系在一起，（3）“被标记的人被置于不同的类别中”以创造“我们”与“他们”的分离，以及（4）“被标记的人经历地位丧失和歧视”时，污名化就产生了。Karen 和 Sherman（2012，849）类似地将污名化定义为“一种标志，其表明个体有缺陷，理应得到较低价值的对待”，并指出 Goffman 所承认的三种污名化类别——“部落污名化”（如种族）、“身体的可憎之处”（如身体残疾），以及“性格的瑕疵”——失业属于第三类。

11. Lamont 等人（2019，59）在一项重要的跨国比较研究中，探讨了三个国家中不同种族和少数族裔所经历的污名化，他们区分了污名化与歧视，并指出虽然歧视涉及对物质机会的剥夺，通常违反法律，但污名化更为普遍、无处不在，并对人们的日常生活产生深远影响。

12. 正如 Link 和 Phelan（2001，367）所指出的，“绝大多数的人类差异都被忽略了，因此在社会层面是无关紧要的”。被挑选出来作为显著特征的少数差异因时间和地点而异。因此，重要的是要考虑在特定的历史背景下，哪些社会力量使得特定的差异（如就业状态）成为污名化的显著目标。
13. Foucault（2004，44—47）.
14. 在将失业污名化与新自由资本主义联系起来时，除了米歇尔·福柯的理论，我还借鉴了 Tyler 和 Slater（2018，727）的研究成果。他们提出，污名化“无法与金融资本主义的政治和经济要求相分离”。这一观点强调了污名化如何通过使不平等现象自然化并归咎于社会底层的人，来“复制现有的不平等”（732）。同样探讨这种联系的是 Karren 和 Sherman（2012，849—850），他们认为失业被污名化为“性格的瑕疵”的原因正是新自由资本主义的核心预设，即失业者“应该受到责备”或者“自作自受”。
15. 尽管优绩制度神话并不仅限于美国，但许多研究显示，它在美国尤为明显。Sandel（2020）讨论了调查数据，其显示 77% 的美国人认为努力工作能带来成功，而仅有 50% 的德国人认同这一观点。另一方面，70% 的美国人认为穷人能够靠自己的努力摆脱贫困，而仅有 35% 的欧洲人持此观点。Lewis（1978，7—8）同样发现，在美国，大多数人忽略了社会结构在决定结果中的作用，而只关注个体；因此，“对劣势的主要解释”是无能或不良行为。Lamont（2019，668—669）的数据显示，在美国，人们对“在社会中取得成功是由努力工作决定的”这一优绩主义信念的认同远高于法国、德国和英国。Alesina、Stantcheva 和 Teso（2018）也揭示了类似的发现，调查显示美国的受访者相比瑞典、英国、法国和意大利的受访者更有可能认为努力是个人成功的主要原因。在同一项研究中，人们发现美国人高估了那些出生在家庭收入最低的 20% 群体中的人最终能成为家庭收入最高的 20% 群体中的成员的可能性，而瑞典、英国、法国和意大利的受访者低估了本国中的这种可能性。

16. Kallberg（2018）和 Cech（2021，164）将新自由资本主义定义如下："新自由资本主义是一种政治和经济意识形态，主张在缩减社会计划和抵制任何形式的集体或再分配过程（这些过程会限制自由市场）的前提下，实现经济和社会的最佳福祉。"

17. 例如，Cech（2021）对大学生的近期研究发现，人们始终相信他人没能成功是因为缺乏动力。早期的研究也揭示了同样的模式，并一致发现大多数美国人认为努力工作是个人成功的最重要决定因素（参见 Kluegel 和 Smith 1986、Schlozman 和 Verba 1979）。

18. 关于这种模式的讨论，参见 Kalleberg（2018）和 Pugh（2015）。Farber（2008）分析了 1973—2006 年的《当期人口调查》（CPS）的数据，并得出结论："私营部门的工作结构已经脱离了长期雇用关系。"私营部门工作结构的变化可以从男性长期就业人数的急剧下降中看出。关于女性的数据虽不那么明确，但正如 Farber（2008）所解释的，这仅仅是因为在过去半个世纪中，女性劳动参与度有所提升抵消了这种趋势。

19. 新自由资本主义时代（始于 20 世纪 80 年代）构建了一种"单向忠诚体系"，员工仍然被要求忠诚于企业，但企业裁员却已成常态（Pugh 2015）。关于向新自由资本主义转变，以及就业不安全感上升的更广泛的历史讨论，参见 Krugman（2007）、Osterman（1999）和 Reich（2007）。

20. Damaske（2021）.

21. 美国劳工统计局从 1948 年开始追踪长期失业率。1948—2000 年，长期失业者在失业总人口中的占比很少超过 15%，而且这种情况只在严重衰退后的短暂时期内出现过（Mitchell 2013）。然而，在过去 20 年中，长期失业者的比例一直在上升。具体来说，自 21 世纪初以来，长期失业者的比例从未低于 15%（Mitchell 2013）。在大衰退之后，这一比例上升到创纪录的 45%（Mitchell 2013），并长期保持在 20% 以上，直到 2020 年 3 月新冠肺炎疫情暴发，当时新失业人数激增，这暂时降低了长期失业者的比例。

第 2 章

1. 在某些企业，公司规定被裁员工必须立即收拾个人物品，并在专人陪同下离开公司，甚至没有机会与同事道别（Damaske 2021）。
2. 在我们对 125 名长期失业求职者的调查中（这些求职者都报名接受了基于社会学的支持，如第 6 章所述），裁员是导致失业的最主要原因。其中，84% 的受访者被裁员，只有 9% 的人主动辞职，4% 的人被解雇，3% 的人合同到期了。
3. E.g., Rivera（2015）；Finlay and Coverdill（2002）；Huo，Huang，and Napier（2002）.
4. McDonald et al.（2021）.
5. Damaske（2021，40）揭示了美国社会对失业者的污名化可追溯至 19 世纪，当时失业者往往被贴上"懒惰"和"不道德"的标签。研究表明，这种污名化影响了招聘决策。例如，纽约联邦储备银行的一项研究（Faberman 等人，2017）显示，在求职背景相似的情况下，失业求职者获得积极回应的可能性明显低于在职求职者。具体来说，这项研究表明，尽管失业求职者比在职求职者更加努力地找工作（其付出可能高达 7 倍），但目前在职的求职者更有可能收到面试邀请。See also Kroft，Lange, and Notowidigdo（2013）；Pedulla（2020）；Ghayad（2013）；McDonald et al.（2019）；and Atkinson, Giles, and Meager（1996）.
6. Pedulla（2020）和 McDonald 等人（2019）也揭示了类似的偏好被动求职者的情况。
7. 在 Pedulla（2020）的一项关于招聘简历审核的研究中发现，拥有全职工作的白人男性，其获得面试邀请的概率为 10.4%，而另一个与其资历完全相同的申请者，如果已经失业 12 个月，则只有 4.2% 的概率收到面试邀请。Pedulla（2020）解释说，雇主对求职者的失业状态感到担忧，这种担忧会随着其失业时间的延长而增加，他们会基于懒惰和无能等一系列刻板印象做判断。See also Kroft，Lange，and Notowidigdo（2013）.

8. 这就是福柯（2004，44—47）在讨论新自由资本主义市场时所说的“真言化”（如第 1 章所述）。
9. Pedulla（2020，46）同样也发现招聘者对失业劳动者的“无所事事”表示担忧。
10. Gershon（2017）也揭示了类似的情况：雇主在评估求职者时，往往预设其简历内容（包括曾任职企业）完全处于求职者个人掌控范围内。类似地，Pedulla（2020）也发现招聘者会关注整体失业率，但不会深究这个宏观指标背后的结构性成因。正如 Pedulla（2020，39）所说，招聘者解读简历时“将就业困境归咎于劳动者自身，而不是聚焦更广阔的经济结构变革”。
11. 除了深度访谈数据，在对参与本研究的 125 名长期失业求职者的问卷调查中，有 78% 的人表示，他们自从开始找工作以来，就“扩大了行业搜索范围”，有 76% 的人表示愿意接受较低的薪水（Sharone 等人，2015）。
12. 本书的匿名评审者敏锐地指出，求职过程中令人沮丧的方面是求职者收到相互矛盾的建议：一方面，求职者被鼓励在自我展示时要有策略性，只强调自己更具市场价值的一面；另一方面，他们又被敦促要展现真实的自我。这两条建议在本书第 3 章的注释 22 中做了进一步讨论。
13. 近年来，随着美国公司逐渐将更多的以前由内部执行的职能外包出去，美国经济催生了更多的短期和合同制职位（Weil 2014）。对长期失业的求职者来说，这些合同职位通常相对更有吸引力，可以作为重新进入专业工作的一种方式。然而，正如招聘者解释的那样，求职者接受合同制工作的这种做法可能会在无意中发出某种信号，表明他们对长期工作不感兴趣。例如，一位名叫雪莉的招聘者解释了接受合同制工作的求职者所面临的特殊困境。她说，基本上，无论求职者出于什么原因接受合同制职位（即便他们实际上更渴望长期职位，只是迫于就业形势才接受合同制工作），他们都会被雇主视为高风险投资对象，是随时可能离开长期职位的人。鉴于这种看法，为他们提供长期职位，并花费时间和资源对他们进行培训，会被雇主视为浪费。因此，接受过多个合同制职位的求职者可能会发现，除了更多的合同制工作，自己找不到其他工作。

14. Sharone（2017）和 Gershon（2017）详细讨论了这一困境。Sharone（2017）探讨了领英等社交网站的设计如何限制求职者区分受众的能力（Goffman 1959），这导致了 Boyd（2014，31）所说的“语境崩塌”。求职者普遍面临“个人品牌一致性”的压力，这要求他们在所有社交网站保持高度统一的职业形象（Vallas 和 Commins 2015）。
15. For example, see Lahey（2005）；Chou and Choi（2011）；Neumark, Burn, and Button（2017）；Roscigno et al.（2007）；and Oesch（2019）.
16. 详见本书第 1 章注释 4 中关于年龄和长期失业的研究讨论。
17. Zhang（2011）.
18. Pedulla（2020）也指出求职者缺乏反驳雇主负面看法的机会。
19. Marlowe, Schneider, and Nelson（1996）；Ruffle and Shtudiner（2013）；Ladders（2012）；Caers and Castelyn（2011）.
20. 此外，如果领英上的个人资料缺少照片，它将被视为不完整资料，而个人资料不完整的求职者在招聘者搜索时就不太可能排在前面。
21. 本书讨论的偏见和污名并不是失业求职者面临的唯一制度性障碍。关于雇用机制和求职者面临的制度性障碍的其他重要研究，参见 Pedulla（2020）、Cappelli（2012）、Rivera（2015），以及 Finlay 和 Coverdill（2002）。最近，学者们还讨论了运用算法审核职位申请人所带来的挑战（Bogen 2019）。

第3章

1. Wanberg、Kanfer 和 Banas（2000，492）将人际关系网定义为“求职者为了获取有关工作的信息、线索或建议，而主动与朋友、熟人和其他潜在推荐人进行接触的个人行为”。
2. Sharone（2014）讨论了借助人际关系网求职古已有之，社会学研究对这一现象的系统性关注至少可以追溯到20世纪30年代（De Schweinetz 1932）。大量文献探讨了人际关系网与职业成果之间的关系（例如，Cross 和 Cummings 2004，Higgins 和 Kram 2001，Mcguire 2007，Mcguire 和 Bielby 2016，Wolff 和 Moser 2009，Forret 和 Dougherty 2001，Kanfer、Wanberg 和 Kantrowitz 2001，Van Hoye、van Hooft 和 Lievens 2009，Wanberg、Kanfer 和 Banas 2000）。
3. 例如，Granovetter（1974；1973，1371）关于“弱关系力量”的经典理论指出：弱关系之所以具有独特价值，是因为它能提供差异化信息：“与我们联系较少的人往往身处不同的社交圈，因此可接触到我们无法获取的信息。”换句话说，正是这种获取新工作信息的特殊通道，使弱关系反而成为强有力的求职资源（Sharone 2014）。
4. Granovetter 的预设以及许多传统人际关系网文献中的预设——将人际网络视为分享工作机会信息的一种方式，需要重新被审视。与我的研究发现一致，Gershon（2017）也注意到，求职者不再担心找不到工作机会，而是专注于让某人注意到他们的简历。正如 Rivera（2015）在精英职位的案例中所展示的，人际关系网在求职过程中起关键作用，它能有效传递求职者与企业的“文化契合度”。
5. 求职者非常敏锐地意识到社交的必要性。Gershon（2017）发现，一些员工在建立人际关系网上投入的时间比花在提升技能上的时间还要多。
6. Link 和 Phelan（2001，374）讨论了因精神疾病住院而被污名化的人“可能表现得不太自信，且更有防备心”，“这可能导致紧张或令人感觉不舒服的社会互动”。我的访谈显示，在失业的背景下，污名化的作用方式与此非常相似。

7. Gershon（2017）.

8. 将在本书第 4 章的注释 13 中讨论，Burke 和 Stets（2009）的 *Identity Theory* 一书预测了萨姆从被污名化的身份（失业）切换到受赞扬的身份（退休）的策略。尽管切换到一个获得更多外部认可的身份可能会带来安慰，但对失业求职者来说，这种转变的代价极大，因为它会削弱他们获取求职支持的能力。

9. Granovetter（1974）关于利用人际关系的开创性书籍 *Getting a Job* 认为只有基于原有的社交联系建立人际关系网才能成功，但这与大多数当前求职者的理解和做法相反。

10. Sharone（2014），Gershon（2017）.

11. Casciaro，Gino，and Kouchaki（2014）.

12. 关于合同工作的简要讨论，参见本书第 2 章的注释 13。

13. Pultz and Sharone（2020）.

14. 在新冠肺炎疫情期间，求职者在试图建立人际关系网时所遇到的困难是无法安排面对面的会议（Sharone 2021）。

15. 这种观点与人际关系研讨会给出的建议是一致的，即建议求职者不要直接索取工作机会，而要适度模糊互动的目的（Pultz 和 Sharone 2020；Gershon 2017）。

16. 现有研究对职业社交个人成本的一种解读视角是，认识到这种活动本质上包含多维度情感劳动（Hochschild 2012；Pultz 和 Sharone 2020）。

17. Bellah et al.（1985），Schalet（2011）.

18. Letkemann（2002，511）指出，应对污名的策略可能会“产生额外的污名”，他将其称为“衍生污名”。这指的是由“污名管理实践”产生的新污名，而非原始污名。这揭示了人们在试图应对和管理污名时，可能会采取一些方法，而这些方法反而进一步强化了污名。

19. Burke 和 Stets（2009，117）将“自我真实性”定义为“个体感知自身处于本真状态的情感体验”，并将其视为自尊的基础之一。作为个体感到缺乏自我真实性的一个例子，Burke 和 Stets（2009）讨论了 Hochschild（2012）的著名研究中的空乘。这些空乘被要求在本应感到沮丧和愤怒的情况下表现得温和。这个例子表明，本真行为意味着自然流露即时体验，而非刻意表达不真实的情感。

20. 本书中多次出现了求职与约会的类比。在某些时刻，求职者自己会提出这种比较，而在其他时候，我提出这个类比是为了捕捉一些通常被忽视的求职体验。这个类比之所以有用，是因为求职和约会都是寻求与他人建立（无论是职业的还是浪漫的）和谐关系的过程，因此通常都涉及 Goffman（1959）所说的“印象管理”，即以尽可能好的方式展示自己。在这两种情况下，对交往对象的搜寻都是为了满足强烈的需求（无论是收入还是陪伴）。此外，虽然我们通常认为生活中职业和浪漫这两方面无关，其各自在不同的领域运作，但这两个搜寻过程的相似性可以突显出求职活动与恋爱一样，本质上都是极具个人色彩且交易引发脆弱感的深层生命体验，尽管后者通常被视为脆弱性的典型场域。

21. 这可能解释了 Letkemann（2002，518）研究发现的困境：失业者为应对污名采取的策略，反而会使其陷入“欺诈性人格”的自我认知困境，而这将持续侵蚀自我价值。

22. 不幸的是，大多数为失业求职者提供的支持和指导都忽略了这些紧张关系。网络研讨会和职业发展导师通常强调在人际交往中保持真诚的重要性（Gershon 2017；Pultz and Sharone 2020），却忽视了失业的背景给求职者带来的巨大压力迫使他们以不真诚的方式行事。这与 Cech（2021）所描述的美国劳动者面临更广泛的紧张关系相似，他指出，美国文化鼓励劳动者在职业追求中保持热情和自我表达，却对结构性限制视而不见。这些网络研讨会、职业发展指导，以及广泛的文化，鼓励劳动者在所有情况下保持真诚和热情，这可能加剧了莎伦和其他求职者在发现自己以不真诚的方式行事时所感到的羞耻和自责。

23. 超过一半最终找到专业工作的人指出，在某种程度上，建立人际关系网对他们有所帮助。Gershon（2017）也有类似的发现，他所研究的失业白领中，近一半人是借助人际关系网中的联系人找到专业工作的。这些给予帮助的人通常是前同事、老板或客户。

第4章

1. Burke 和 Stets（2009）展示了身份概念如何将个人与社会联系起来。他们将身份定义为“当个体在社会中扮演特定角色、归属于特定群体或主张某种独特个性特征时，用以界定‘我是谁’的意义集合”（2009，3）。
2. Cooley（1922）.
3. Burke 和 Stets（2009，68—69）解释了一个肯定会让某些人感到不安的方式，那就是“告诉他们，他们并非自己认为的那样”。当个体在与他人的互动中无法验证自己的身份时，就会陷入负面情绪。长期失业求职者往往会将他们的求职过程视为对自己曾作为优秀的、有价值的专业人士身份的反复否定。Norris（2016）对失业和身份认同的研究讨论了“反馈不匹配”以及失业经历和随之而来的社会反馈如何破坏失业求职者作为优秀劳动者的身份认同。我赞同 Norris 的一个关键论点，即这些身份不匹配给失业者带来的压力和心理健康的挑战远比人们认识到的要大得多。本书，特别是本章，借鉴了 Norris 的理论，指出了失业如何以各种方式侵蚀求职者的身份认同，并强调了污名化对失业经历的重要影响。
4. Newman（1999）、Smith（2001）和 Sharone（2013）都发现，失业求职者对失业持有相互矛盾的观点，他们既会自责，又会认识到外部障碍。这一发现也与 Norris（2016）对求职者的描述一致——这些求职者理智上知道中层工作岗位在减少，但内心仍然期望大学学历能让自己免受失业的困扰。Lamont 等人（2019）发现，在经济阶层流动中挣扎的非裔美国人面临和失业者一样的困境。他们（2019，98）将这种反应称为“悖论性反应”，并揭示了双重意识，即研究中的大多数非裔美国人认为个人努力是实现向上流动的关键，也认识到结构性因素限制了他们的流动性。这与非裔巴西人或以色列的少数族裔形成鲜明对比，后者不太可能关注个人努力的作用。Lamont 等人（2019，117）将这种美国人的自责倾向与美国的新自由资本主义联系起来，并尖锐地指出，“尽管意识到种族主义和其他影响他们生活的力量，但非裔美国人还是会承担起对自己命运的责任，并像西西弗斯一样，不惜一切代价努力将石头推上山”。

5. Goffman（1963）也指出被污名化的人有将污名内化的倾向。
6. 在讨论工作对美国人身份认同的核心意义时，Cech（2021）敏锐地指出，美国孩子不仅常被问及长大后希望从事什么工作，还会被问及想成为什么样的人。当这些孩子长大成人后，如 Sennet（1998，119）所指出的，职业上的挫折可能被他们视为“生活失败，而不仅仅是生存困境”。
7. Scheff（2011，2000）.
8. Van Horn（2013，78）对长期失业者的调查显示，74% 的求职者表示感到羞耻或尴尬。
9. 这种模式与 20 世纪 30 年代的研究结果是一致的。例如，Komarovsky（1940，74）对大萧条时期长期失业人群的研究发现，“男人会经历严重的挫败感，因为在他们看来，自己未能履行生命中最重要的职责，即养家糊口，而这正是男子气概的根本体现”。Newman（1999，139）对 20 世纪 80 年代失业白领劳动者的研究也指出：“失业打击了男性理想的核心——他们在最明确地定义其角色的任务上失败了，因此丧失了作为男性的身份认同。”这一发现也得到了 Norris（2016，63—67）近期研究结果的支持。她指出大多数男性都谈到了失业对男性身份认同的威胁，而养家糊口是男性身份认同的核心。在本书第 5 章中，我们将看到失业导致的养家糊口中断对已婚男性比对已婚女性更具挑战性，这一发现也得到了 Rao（2020）关于失业对婚姻影响的著作的支持。另见 Killewald（2016）和 Inanc（2018）。这一模式的例外是 Lane（2011）的发现，她采访的失业男性称，失业并没有削弱其身份认同，事实上，他们的性别认同没有受到威胁，这反而是一种荣誉的象征。Lane 的发现可能是基于其受访者的年龄，因为她所采访的男性比我或 Norris（2016）采访的更年轻。在调查研究中，有些研究发现，男性和女性的经历没有差异，可参见 Broman 等人（1995）和 Leana 与 Feldman（1991）。但一项文献的元分析研究声称，在健康和福祉方面，失业对男性的负面影响要大于女性（Paul 和 Moser 2009）。

10. 参见本书第 1 章第 8 条注释中关于内化污名和自责的讨论，其中包括 Sharone（2013），Blustein（2019），Newman（1999），Smith（2001），Cottle（2001），Uchitelle（2006），Chen（2015），Norris（2016），Rao（2020），以及 Zukin、Van Horn 和 Stone（2011）等人的研究成果。

11. 令人震惊的是，一项对大萧条期间男性失业经历的研究也发现了这种自责的形式。在讨论一个失业劳动者的案例时，Komarovsky（1940，27）指出："他将失业归咎于自己，尽管他整天都在拼命找工作，并且愿意接受任何工作，但他始终认为如果年轻时能把握机会并获得学位，现在就不会陷入这样的境地。"

12. 自尊心的丧失和身份认同的危机往往相伴而生。Burke 和 Stets 的 *Identity Theory*（2009，79—80）指出，当个体在验证或"核实"其身份时遇到困难，这会挑战他们的自尊心，自尊心被定义为"由自我做出的自我评价"。

13. Burke 和 Stets 的 *Identity Theory*（2009，41）预测，如果一个人的身份没有得到他人的认可，那么这个人可能会将注意力转移到更有可能获得认可的另一个身份上。Norris（2016，78—79）将这种理论应用于失业的情境，并讨论了一些失业求职者如何通过"身份重塑"将核心身份从受到威胁的职业身份，转向另一个可获得的身份，比如家庭主妇。

14. Norris（2016，89）的发现与我的访谈数据一致，即并非每个人都有相同的机会去改变其身份认同的焦点；特别是，女性比男性更容易转换自己的身份，她们可以转变为以育儿为中心，因为“不工作的女性被认为是正常的”，也就是说，成为全职家庭主妇 / 母亲是正常的。但男性并非如此。

15. Blair-Loy（2003）.

16. 我们在对参与本研究的 125 名长期失业求职者的调查中发现：78% 的人表示他们目前有财务困难，23% 的人表示自己从家人或朋友那里得到了帮助，6.5% 的人表示自己领取了食品券。虽然大多数（61%）长期失业求职者都有储蓄或退休金来为他们失业初期的生活提供一些缓冲，但这些钱很快就会用完。有一半拥有这种财务支持的求职者说，他们的储蓄不足 2 万美元。Van Horn（2013）对求职者的调查显示，长期失业的财务影响是持久的。通过反复调查一组经历过长期失业的劳动者，Van Horn（2013）发现，两年后，只有 7% 的人能够恢复到他们原来的生活水平。城市研究所的一项研究（Johnson 和 Gosselin 2018）显示，超过一半的美国成年人在 50 岁时拥有长期的全职工作，但随后经历了非自愿离职，而在这一群体中，只有 10% 的人重新获得了与之前相同的收入。

17. Van Horn（2013）的调查报告指出，大约 1/3 的长期失业求职者不得不因失业而改变他们的生活方式。

18. Schalet（2011）.

19. Blustein（2019）指出，失业求职者患心理健康问题的概率是普通人的两倍多。在 Van Horn（2013）对长期失业求职者的调查中，大多数受访者表示感到沮丧和焦虑。多项元分析研究一致显示，与有工作的人相比，失业者面临的心理健康挑战水平明显更高（McKee-Ryan 等人，2005），而且随着失业时间的延长，其情绪负担和心理健康问题的风险也会增加（Paul 和 Moser，2009）。研究同样显示，失业对身体健康也存在负面影响，可参见 Sullivan 和 von Wachter（2009），McKee-Ryan 等 人（2005），Paul 和 Moser（2009），Strully

（2009），以及 Brand（2015）的研究。

20. Norris（2016）.
21. 这一发现与 Blustein（2019，175，187）对失业的描述是一致的，他将失业描述为一种充斥着“无法逃避的不稳定感”和“可怕的绝望”的经历。
22. 退休金需经年累月缓慢积累，而年长失业者迅速耗尽退休金是长期失业带来的持久伤害之一。即使他们最终能够重获全职工作，也很难弥补这类经济损失。正如莎伦所说，退休金的流失改变了人们对未来生活的看法，更会引发对老年生存保障的深层忧虑。
23. 这次访谈和其他几次类似的访谈，让我非常担心埃里克的身心健康，并促使我为埃里克联系了心理援助服务。
24. Scheff（2011，455）将这种模式描述为一种“情绪陷阱”，即“一个人对自己的情绪感到羞耻，进而导致更多的情绪问题”。
25. 正如本书第 3 章注释 22 所讨论的，网络研讨会和职业发展导师鼓励求职者展现真实的自我（Gershon 2017；Pultz 和 Sharone 2020），但他们忽略了求职者承受的双重压力：既要压抑负面情绪，又要迎合美国职场文化对员工的普遍期待，即时刻要表达自我和保持真实（Cech 2021）。
26. 关于失业带来的心理健康挑战的研究，请参阅本章注释 19 的讨论。
27. Goffman（1963）.
28. Blustein（2019）.

第 5 章

1. Van Horn（2013）在一项大型调查中发现，90% 的长期失业求职者面临人际关系的压力。
2. 现有研究表明，总体而言，已婚的失业者在心理上处于比单身失业者更好的状态，（Cooke 和 Rousseau 1984，Leana 和 Feldman 1991）但经济困难往往会在夫妻间引发冲突（Conger、Rueter 和 Elder 1999，

Hoffman 和 Duncan 1995）。

3. 对失业夫妇性别动态的最深入分析来自 Rao（2020）的著作，该书基于对失业劳动者及其配偶的访谈。Rao 发现失业经历中存在显著的性别差异。被称为“理想求职者规范”的养家责任和全力求职期望，对男性的要求远比对女性的更苛刻。Norris（2016）也发现了基于性别的养家者期望，并指出，整体上，恋爱中的女性受失业的困扰最小，而恋爱中的男性受失业的困扰最大。单身男性和女性则介于两者之间。Komarovsky 对大萧条时期失业男性的研究生动地记录了养家期望如何给丈夫制造了压力。例如，Komarovsky（1940，37）引用了一位女性的话，她称丈夫为“窝囊废”，因为他“一事无成”。另一位女性也明确指责丈夫：“如果他受过更好的教育，有更好的性格，就不会沦落至此。”（1940，25）在分析访谈数据时，Komarovsky（1940，42）指出：“在大多数情况下，失业男性注定会被失业这一事实本身所困。”“作为（物质生活）提供者的失败和金钱的丧失削弱了他的地位，降低了他在妻子眼中的声望。”Komarovsky（1940，43）尖锐地总结道：“被妻子瞧不起的失业丈夫是一个悲剧人物。他在外界遭受了挫败，在家庭中也逐渐失去立足之地。”最新研究进一步证实，在已婚夫妇中，养家期望不成比例地落在丈夫身上，该研究基于美国调查数据，表明男性养家对婚姻稳定至关重要，并且是“丈夫婚姻契约的核心组成部分”（Killewald 2016，716）。Inanc（2018，555）基于英国数据的研究发现，“伴侣的福祉在很大程度上取决于男性履行养家责任的程度”。关于男子气概和失业的更多讨论，参见本书第 4 章注释 9 中 Komarovsky（1940）、Norris（2016）、Rao（2020）和 Lane（2011）等人的研究。

4. Goffman（1963，30）指出夫妻在受到污名化影响时也是相互牵绊的。婚姻“使得社会在某些方面将夫妻双方视为一体”，因此配偶“有义务分担与他们相关的被污名化的人的一些负面评价”。这有时被称为

“连带污名”或关联性污名。

5. Rao（2020）同样发现夫妻间常因失业方求职努力程度而关系紧张，最常见的情况是，妻子认为丈夫本可以更积极地求职。
6. 其他研究发现家务劳动和失业之间存在性别差异。例如，Damaske（2021）和 Rao（2020）都发现失业的女性所承担的家务比失业的男性更多。
7. 一项 2021 年的调查发现，近一半的美国人（49%）表示他们的朋友不超过三个（Cox 2021），而且在美国，非工作联系随着年龄的增长而减少（McDonald、Chen 和 Mair 2015）。
8. Kelly and Moen（2020）.
9. Zelizer（2005）.
10. 这些观点印证了 Wacquant（2008，30）的论断，即在美国社会中，一定程度的消费已经成为“人格的通行证”，是维持社会尊严所必需的。
11. 对之前拥有高级别职位的求职者来说，社会比较带来的痛苦可能最为尖锐，因为他们的社交圈通常也由其他精英人士组成（Rao 2020）。
12. 这完全符合 Goffman（1963）对污名的定义，即将某人归类为“异类”和“低等者”。
13. Goffman（1963）提出了污名的概念。Letkemann（2002）讨论了失业与“传染病”之间的联系。
14. 关于“失业者的友谊存在性别差异”的发现在 Rao（2020）的研究中得到了进一步佐证：女性在失业期间能够比男性更好地维持她们的友谊。
15. 朋友可能会偶尔或短期提供情感支持，但我的受访者正在经历长期失业，我的研究结果表明，经过一段或长或短的时间后，朋友们不太愿意继续提供情感支持。
16. Komarovsky（1940）对大萧条期间失业男性的研究揭示了失业带来的负面情绪如何导致关系紧张，进而催生更多负面情绪。Komarovsky

（1940，47）如此描述这种典型模式："失业促使丈夫采取某种行动或态度。妻子对此的反应加剧了丈夫最初的态度。丈夫反击，于是两人陷入了日益加剧的怨恨旋涡。"

第 6 章

1. Sharone（2013），Sheehan（2022），Ehrenreich（2005）.
2. Sharone（2013）.
3. Sheehan（2022）关于得克萨斯州求职自助研讨会的研究也提出了类似的发现。Sheehan（2022，1165）认为，职业发展导师将焦点放在了失业者的态度、积极思维和寻找他们的激情上，这意味着"失败是自我的失败"，并且是"自我破坏"的表现。
4. Cech（2021，33）将博尔斯的书称为"与职业相关的自助领域的支柱"。
5. 博尔斯将自我评估作为逃离失业的关键，这与 Sheehan（2022，1165）在研究职业发展导师时的最新发现是一致的，其中解决职业挑战的最常见方案是"提高自我认知"。
6. Sandel（2020）.
7. Sandel（2020，79）讨论了美国前总统奥巴马在一次演讲中的信息，奥巴马宣称："在这个国家，无论你相貌如何、出身何处，只要你愿意刻苦学习和努力工作，你的才能有多大，你就能走多远。只要你尝试，你就可以成功。"这一观点被广泛接受。正如本书第 1 章注释 15 所讨论的，大多数美国人（与欧洲人相比）认为努力工作能带来成功，穷人可以靠自己的力量脱贫，个人的命运由自己而非更大的社会结构决定（例如，Lewis 1978；Cech 2021）。
8. 除了美国个人主义文化的影响，这种方法可能还受到了心理学中关于习得性无助问题研究的推动。这一领域的研究表明，在某些条件下，人们会低估自己对局势的控制力，从而变得沮丧并停止采取有益的行动。将这一理论应用于就业支持领域，自助模式的支持默认求职者拥有比他们自认为的更多的控制力，并且通过强调求职者的控制力，帮助他们克服习得性无助。

9. Sandel（2020，25—26）指出在优绩主义伦理及其隐含的个人控制力前提（“努力就能成功”）下，人们“很难不将失败归咎于自身”。这会使那些困境中的人贬低自己（Sandel 2020，46）。Blustein（2019，202—203）讨论了将自己视为“自己生活的设计师”在某些条件下具有激励作用，但这可能使失业求职者自责。还可以参考 Lewis（1978）关于个体控制假设如何导致自我怀疑的讨论。
10. Sapolsky（1994，268）.
11. Sapolsky（1994，404）.
12. 这项研究已在本书第 1 章和第 2 章中讨论过。
13. 我注意到，公开分享负面情绪并不会让所有人都产生积极的反应。少数失业求职者在听到他人的痛苦时会感到不安。例如，莉萨说自己感受到了“大量负面情绪”，“发生的所有创伤和戏剧性事件对我的情绪状况一点帮助都没有”。莉萨是少数对公开分享负面情绪反应消极的失业求职者之一。因此，为了尽量减少这种负面体验，采用社会学方法的支持应预先说明这种方法的性质，以便那些无法从公开分享负面情绪中受益的人选择退出。
14. See Sharone（2013）and Ehrenreich（2005）.
15. Scheff（2000）.
16. Scheff（2003）；Brown（2007）.
17. 为了提高求职者感受到同舟共济的可能性，将失业时长相近的失业劳动者聚集在一起是很有帮助的，因为失业体验会因失业时长而有显著差异。例如，在小组互助场景中，失业一年的米歇尔描述了与那些长期失业求职者在一起的负面感受：“在某种程度上，这令人沮丧。我在一个三人小组里。其他两位都是女性，我们都在 50 岁左右。我看见她们就忍不住想：‘她们根本找不到工作的。她们怎么可能找到工作呢？换作是我也不会雇用她们的。你把她们和竞争同一岗位的申请人比较一下就会明白，虽然她们都对那职位感兴趣，且都具备资格。但没有人会雇用她们的。’然后我看着自己，说：‘我是不是和她们一样？’”

从米歇尔的经历可以看出，与比自己失业时间长得多的人在一起会让人沮丧。这种效应与前面讨论的与优秀的人同舟共济的体验形成鲜明对比，后者能让求职者以新的眼光看待自己，发现自身的潜力。长期失业求职者表示，一个完全由长期失业求职者组成的团体可能会更有效，因为它可以专注于他们特有的困境，比如财务问题。例如，苏珊说：“当你长期失业时，财务压力会逐渐加重，你需要了解如何提前领取社会保障金、食品券、住房补贴、医疗保险金、儿童免费午餐，以及如何向家人寻求经济帮助。”另一位长期失业的求职者蕾切尔则关注人际交往的挑战：“我们如何与他人相处？当兄弟姐妹和朋友问我们为什么没有工作时，我们该如何回应？”

18. Blustein（2019，163—164）借鉴了 Paolo Freire（2000）的研究成果，将批判意识定义为“反思社会不公正原因的能力”，这有助于失业求职者“不将被边缘化的经历归咎于自己”。
19. Brown（2007）.
20. Hing（2013）表明，对被污名化群体来说，意识到潜在的就业障碍，如雇主的歧视，就意味着他们在面对负面结果时，不太可能责怪自己。这一点在 Blustein（2019）、Brown（2007）、Sharone、Vasquez（2016），以及 Scheff（2000）的研究中也得到了体现。
21. Sharone（2013）.
22. 除了这些例子，社会学指导还可以借鉴许多其他广泛关注招聘机制的研究（例如，Finlay 和 Coverdill 2002、Pedulla 2020、Cappelli 2012、Rivera 2015、Gershon 2017），这些研究可让求职者更深入地了解雇主的做法，并给出可行的应对策略。
23. 虽然社会学家正确地指出，有效建立人际关系网所需的部分技能会像“惯习”那样被深刻内化，从而给拥有特定文化资本的人带来隐形的优势（例如，Ilouz 2007），但采访结果表明，这一知识的重要特征是可通过学习和实践来掌握的。

24. 同样，Norris（2016）讨论了有效的求职支持小组如何帮助失业求职者保持他们的专业身份。

25. 先前关于失业的研究揭示了求职挫败感是一个常见问题。在经历了一系列拒绝后，如果缺乏有效的支持，求职者可能不再相信持续求职会带来积极的结果，并希望避免未来被拒绝而带来的痛苦（例如，Sharone 2013、Komarovsky 1940）。

26. Lamont（2009，152）也强调了对抗污名内化的重要性："个体如何解释和处理"污名化，特别是污名是否被内化，"是影响精神和身体健康的关键因素"。

27. 从在 ICT 项目启动当年报名参与本研究的求职者中，我们随机选取了 102 名长期失业求职者，这些求职者符合 40~65 岁、长期失业以及之前是白领的入选标准。我们为这些求职者提供了为期 3 个月的免费 ICT 支持。同时，我们也随机选取了另外 22 名长期失业求职者作为对照组，他们的情况相似，但未能获得我们的支持，不过他们获得了相应的费用以完成调查。4 个月后，获得 ICT 支持的求职者中有 30% 的人找到了全职工作，而对照组中仅有 18% 的求职者找到了工作。由于样本数量较小，这些发现在统计上并不显著，但获得 ICT 支持的求职者与未获得支持的求职者在求职结果上的差异表明，这种形式的支持可能在实践中产生有意义的效果。在接受支持组和小型对照组之间，关于污名内化的差异更为显著。在接受 ICT 支持之前，我们调查的长期失业求职者中有 61% 的人同意或强烈同意以下陈述："我担心自己有什么问题。"但在支持持续 10 周后进行的后续调查中，接受支持的求职者中"担心自己有问题"的比例下降到 41%，而在小型对照组中这一比例上升到了 84%。同样，由于样本数量较小，这些差异在统计上并不显著，但它们与本章讨论的访谈数据一致，这表明基于社会学的支持有助于失业求职者抵制污名内化。要全面探讨基于社会学的支持的效果，需要进行更大规模的实验研究，将接受基于社会学的支持的求职者与接受更典型的求职自助模式支持的求职者进行比较，并将这两组与完全没有获得支持的求职者进行比较。

28. Cooley（1922）.
29. https://www.bc.edu/content/bc-web/schools/lynch-school/sites/win.html.
30. Autin et al.（2022）.
31. See Sharone（2007），Schlozman and Verba（1979）.

第 7 章

1. Goffman（1963，7）指出，“被污名化的人往往持有相同的信念”，并认为“自己的特质是令人厌恶的”。
2. Goffman（1963，6）.
3. Goffman（1963）和 Letkemann（2002）也注意到了被污名化与被视为具有传染性之间的联系。
4. Komarovsky 在研究大萧条时期男性失业问题的过程中，敏锐地观察到了这样一个反馈循环：失业引起的负面情绪导致关系紧张，进而引发更多的负面情绪。正如 Komarovsky（1940，40）所发现的：“一个人性格的变化可能会影响他与家人的关系，而他与家人关系的变化可能又会影响他的性格。”
5. Goffman（1963，53）.
6. 关于 Lamont（2019）和 Sandel（2020）等人的讨论，参见本书第 1 章和其他部分。
7. Foucault（2004，44—47）。关于 Foucault（2004）的讨论，请参见本书第 1 章。
8. 在严重的经济衰退期间，有时会放宽 6 个月的时限。
9. Sennet 和 Cobb（1972，72）生动地捕捉到了这种条件下始终存在的焦虑，描述了蓝领劳动者的生活是如何被“害怕被传唤到隐藏的审判台前并被判为不合格”的恐惧“感染”的。在经典著作 *The Hidden Injuries of Class* 中，Sennet 和 Cobb（1972）特别尖锐地描述了劳动者对失业的恐惧，对优绩制度神话的核心地位进行了深入的分析。他们指出：“在经济大萧条期间，没有人会去责备一位失业的父亲。但是与这些人交谈得越多，越能感觉到他们中的每一个人的内心都充满恐惧，担心因失业而受到责备或辜负了他人。”

10. 为了发展一个更普遍的新自由资本主义背景下的污名化理论，如果未来的研究能够对不同类型的污名化进行比较研究，探索它们的共性和差异，并考虑可能影响其变化的因素，这将是非常有帮助的。以 Lamont 等人（2019）关于非裔美国人污名化体验的研究为例，我们可以看到基于种族主义的污名化体验与本书中讨论的长期失业者的污名化体验存在显著的相似性和差异性。两个显著的相似之处是污名化的普遍性和污名内化的倾向。正如失业的污名化在每一种关系中都会显现一样，Lamont 等人（2019）描述并揭示种族主义污名化的事件同样在多种情境中显现，包括与朋友、同事、邻居，有时甚至是家人之间的交往。同样，与失业求职者一样，Lamont 等人（2019）报告说，非裔美国人经常将这种污名内化，并对他们可能面临的挑战持有相互矛盾的个人主义和结构性解释。污名化的一些体验方式也是相似的。在这两种情况下，污名化的微妙事件包括被排除在非正式人际关系网之外或被误解。在 Lamont 等人的研究中，一位非裔美国受访者说，人们看她的眼神好像她长了两个头（Lamont 等人 2019，66），而我采访的一位长期失业者则感到面试官看她的眼神好像她长了十个头。但是，污名化的表现形式和应对方式也存在重要的差异。Lamont 研究中的大多数非裔美国受访者说，他们曾明确受到侮辱或轻视，例如被用带有种族歧视意味的言辱骂或被告知滚回非洲。相比之下，长期失业者遭受明确侮辱的情况很少见，这表明不同污名化形式背后的情感机制有所不同，或社会对侮辱特定污名化个体的许可程度存在重要差异。此外，非裔美国人和失业求职者对污名化的回应方式也存在明显差异。根据 Lamont 等人（2019）的研究，非裔美国人最常见的污名化回应方式是直接面对污名化者。这些研究人员认为，能够直接面对污名化行为是因为美国历史上种族主义特性的文化脚本广泛存在。这些文化脚本源自数十年的民权活动和抗议运动，这些活动增强了人们对种族主义的普遍认识，帮助塑造了共同的种族主义历史记忆，并培养了“明确的群体意识”（2019，110）。相比之下，在我的研究中，失业求职者直接面对污名化者的情况极为罕见。令人震惊的是，Lamont 等人提出的所有可能对抗种族主义污名化的理论因素在失业背景下都不存在。没有文化脚本，没有集体记忆，通常也没有群体归属感。对失业污名化缺乏广泛的文化理解，这意味着失业求职者面临着一道与 Lamont 等人（2019）观察到的基于阶级的污名化形式类似的障碍。正如本书第 1 章所讨论的，新自由资本主义话语和优绩制度的神话意味着失业被普遍视为失业者自身的过错，表示他们缺乏能力。这些污名化在文化背景上的差异，可能塑造了人们对这种污名化的反应，而在这种情况下，典型的反应是不进行对抗。同样需要重点关注的是，与那些同家人和社区一起经历污名化的非裔美国人不同，大多数长期失业求职者不认识其他处境相同的人，因此他们在相对孤立的情况下忍受着这种污名化。

11. 如本章注释 10 所述，当存在能够揭示特定污名历史渊源与深层结构的文化脚本时，就更容易抵抗污名化。种族主义污名化的案例表明，这类文化脚本只有在长期的抗议和社会运动之后才会被广泛使用（Lamont 等人，2019）。
12. 2014 年 1 月 31 日，《洛杉矶时报》发表了一篇文章，标题为《CEO 承诺不会歧视长期失业者》。https：//www.latimes.com/business/la-fi-obama-jobs-20140201-story.html.
13. 通过综合衡量失业保险的慷慨程度，Kalleberg（2018）发现，在其所研究的六个国家中，美国的福利是最吝啬的。

14. Schroder（2013）. 在美国，失业保险救济金相对个人工资的替代率因州而异，范围在32%~56%，而在本研究采样的马萨诸塞州，替代率为46%。发放持续时间也因州而异，并可能在经济衰退高峰期暂时延长。
15. Damaske（2021）讨论了污名化对失业保险政策制定的影响，并引用了最近宾夕法尼亚州州长公开暗示失业者是吸毒者的例子。
16. Wanberg 等人（2020）比较了美国、德国和荷兰发放不同水平的失业保险救济金的影响，他们发现慷慨的福利水平与良好的心理健康状况和高质量的再就业相关。关于完善失业保险制度的优势及其改进与扩展路径的创新论述，参见 Damaske（2021）和 Uchitelle（2006）。
17. ICT 支持项目的局限是它主要关注拥有大学学历的白领。这种分类的支持方法是双刃剑。它可能更容易让求职者意识到自己正与其他类似处境的人同舟共济，但通过为不同职业群体设立相互隔离的支持体系，无法使劳动者认识到他们所面临的障碍是跨越阶级和职业界限的。
18. 这一政策的潜在吸引力可能已经被 Andrew Yang 在2020年民主党初选中的意外强劲表现所预示，他的单一议题竞选纲领专注于 UBI。Blustein（2019）讨论了 UBI 作为一项可能减少从事不稳定职业的劳动者的压力的政策，并使他们能够参与有意义的非市场活动，如兴趣爱好、照护他人和创意活动。更多关于 UBI 潜在好处的讨论，参见 Van Parijs、Vanderborght（2017）、Bregman（2017）和 Stern（2016）。
19. E.g., Newman（1999），Chen（2015），Bellah et al.（1985），Lewis（1978），Sandel（2020）.
20. Lamont（2019，671）讨论了美国父母如何在孩子心中“培养对优绩教育制度的坚定信念”，他引用了 Demerath（2009）的研究，该研究表明绝大多数学生认为努力是决定自己未来的最重要因素。
21. Sharone（2004）.

22. Sandel（2020），Lamont（2019），Newman（1999），Chen（2015）.
23. Foucault（2004）描述了美国新自由资本主义如何将经济分析用作理解一切的棱镜，甚至包括谁值得被重视，谁不值得（关于 Foucault 的进一步讨论，请参阅本书第 1 章）。同时，也请参见 Sandel（2020，59）的观点，他指出："近几十年来，我们的公共文化不断强化了人应对自身命运负责的观念。"
24. Burawoy（1979）.
25. 关于美国社会对优绩制度神话信仰尤为坚定的讨论，参见本书第 1 章的注释 15。
26. Weber（1946，271）. Sandel（2020，36）也提出了同样的观点，他指出优绩制度的思维方式导致人们对那些遭遇不幸的人持强硬态度，而且后者越痛苦，人们就越怀疑其痛苦是他们自己造成的。
27. E.g., Dhingra（2020）and Lamont（2019）.

附录

1. 长期失业率在 2015 年之前一直处于历史高位，随后下降到近几十年来更为典型的水平，其整体趋势表现为长期失业和不稳定的风险增加（Kalleberg 2018）。
2. 42 名职业发展导师中有 35 名同意无偿提供服务，另外 7 名受雇于一家再就业公司，该公司以机构名义自愿让其员工参与本项研究。
3. Small（2009）.
4. Harrington et al.（2015）.
5. Becker（1998），Burawoy（1998），Trost（1986）.
6. Newman（1999），Sharone（2013）.
7. 参见本书第 1 章注释 3 中关于教育和长期失业的讨论。
8. Krueger et al.（2014）；Roscigno，Lassus，and Lopez（2015）.
9. Bills（1990）.

参考文献

AARP. 2021. "Many Older Workers Trapped in Long-Term Unemployment." https://www.aarp.org/work/careers/older-workers-long-term-unemployment/.

Atkinson, John, Lesley Giles, and Nigel Meager. 1996. *Employers, Recruitment and the Unemployed*. Brighton, UK: Institute for Employment Studies.

Alesina, Alberto, Stefanie Stantcheva, and Edoardo Teso. 2018."Intergenerational Mobility and Preferences for Redistribution." *American Economic Review* 108(2): 521–554.

Autin, Kelsey, Blake Allan, David Blustein, Saliha Kozan, Ofer Sharone, Brian Stevenson, Rachel Cinamon, Joaquim Ferreira, and Mindi Thompson. 2022. "The Work Intervention Network (WIN): Foundations of a Holistic Vocational Intervention." *Journal of Career Assessment*. https://doi.org/10.1177/10690727221138619.

Becker, Howard S. 1998. *Tricks of the Trade: How to Think about Your Research While You're Doing It*. Chicago: University of Chicago Press.

Bellah, Robert, Richard Madsen, William M. Sullivan, Ann Swidler, and Steven M. Tipton. 1985. *Habits of the Heart: Individualism and Commitment in American Life*. Berkeley: University of California Press.

Bills, David. B. 1990. "Employers' Use of Job History Data for Making Hiring Decisions: A Fuller Specification of Job Assignment and Status Attainment." *Sociological Quarterly* 31 (1): 23–35.

Blair-Loy, Mary. 2003. *Competing Devotions: Career and Family among Women Executives*. Cambridge, MA: Harvard University Press.

Blustein, David. 2019. *The Importance of Work in an Age of Uncertainty: The Eroding Work Experience in America*. New York: Oxford University Press.

Bogen, Miranda. 2019. "All the Ways Hiring Algorithms Can Introduce Bias." *Harvard Business Review*. https://hbr.org/2019/05/all-the-ways-hiring-algorithms-can-introduce-bias.

boyd, danah. 2014. *It's Complicated: The Social Lives of Networked Teens*. New Haven, CT: Yale University Press.

Brand, Jennie. 2015. "The Far-Reaching Impact of Job Loss and Unemployment." *Annual Review of Sociology* 41:359–375.

Bregman, Rutger. 2017. *Utopia for Realists*. London: Bloomsbury.

Brown, Brene. 2007. *I Thought It Was Just Me (But It Isn't)*. New York: Avery.

Broman, Clifford, Lee Hamilton, William S. Hoffman, and Roya Mavaddat. 1995. "Race, Gender, and the Response to Stress: Autoworkers' Vulnerability to Long-Term Unemployment." *American Journal of Community Psychology* 23 (6): 813–842.

Burawoy, Michael. 1979. *Manufacturing Consent*. Chicago: University of Chicago Press.

Burawoy, Michael. 1998. "The Extended Case Method." *Sociological Theory* 16 (1): 4–33.

Burke, Peter, and Jan Stets. 2009. *Identity Theory*. Oxford: Oxford University Press.

Caers, Rafl, and Vanessa Castelyn. 2011. "LinkedIn and Facebook in Belgium: The Influences and Biases of Social Network Sites in Recruitment and Selection Procedures." *Science and Computer Review* 29 (4): 437–448.

Cappelli, Peter. 2012. *Why Good People Can't Get Jobs*. Philadelphia: Wharton Digital Press.

Casciaro, Tiziana, Francesca Gino, and Maryam Kouchaki. 2014. "The Contaminating Effects of Building Instrumental Ties: How Networking Can Make Us Feel Dirty." *Administrative Science Quarterly* 59 (4): 705–735.

Cech, Erin. 2021. *The Trouble with Passion: How Searching for Fulfillment at Work Fosters Inequality*. Berkeley: University of California Press.

Chen, Victor. 2015. *Cut Loose: Jobless and Hopeless in an Unfair Economy*. Berkeley: University of California Press.

Chou, Rita, and Namkee Choi. 2011. "Prevalence and Correlates of Perceived Workplace Discrimination among Older Workers in the United States of America." *Ageing & Society* 31 (6): 1051–1070.

Conger, Rand, Martha Rueter, and Glen Elder. 1999. "Couple Resilience to Economic Pressure." *Journal of Personality and Social Psychology* 76 (1): 54–71.

Cooley, Charles. 1922. *Human Nature and the Social Order*, rev. ed. New York: Charles Scribner's Sons.

Cooke, Robert A., and Denise M. Rousseau. 1984. "Stress and Strain from Family Roles and Work-role Expectations." *Journal of Applied Psychology* 69 (2): 252–260.

Cottle, Thomas. 2001. *Hardest Times: The Trauma of Long-Term Unemployment*. Amherst: University of Massachusetts Press.

Cox, Daniel. 2021. "The State of American Friendship: Change, Challenges and Loss." In Survey Center on American Life. Accessed January 19, 2023 https://www.americans urveycenter.org/research/the-state-of-american-friendship-change-challenges-and- loss/.

Creed, Peter, and Dee Bartrum. 2007. "Explanations for Deteriorating Well-being in Unemployed People: Specific Unemployment Theories and Beyond." In *Unemployment and Health: International and Interdisciplinary Perspectives*. Edited by Thomas Kieselbach, Anthony Winelield, and Carolyn Boyd. Bowen Hills: Australian Academic Press.

Cross, Rob, and Jonathon N. Cummings. 2004. "Tie and Network Correlates of Individual Performance in Knowledge-Intensive Work." *Academy of Management Journal* 47 (6): 928–937.

Damaske, Sarah. 2021. *The Tolls of Uncertainty: How Privilege and the Guilt Gap Shape Unemployment in America*. Princeton, NJ: Princeton University Press.

Demerath, Peter. 2009. *Producing Success: The Culture of Personal Advancement in an American High School*. Chicago: University of Chicago Press.

De Schweinetz, Dorothea. 1932. *How Workers Find Jobs*. Philadelphia: University of Pennsylvania Press.

Dhingra, Pawan. 2020. *Hyper Education: Why Good Schools, Good Grades, and Good Behavior Are Not Enough*. New York: New York University Press.

Eales M. 1989. "Shame Among Unemployed Men." *Social Science and Medicine*. 28 (8): 783–789.

Economic Policy Institute. 2020. "Understanding Long-Term Unemployment." https://www.epi.org/multimedia/understanding-long-term-unemployment/

Ehrenreich, Barbara. 2005. *Bait and Switch: The (Futile) Pursuit of the American Dream.* New York: Metropolitan Books.

Evangelist, Mike, and Anastasia Christman. 2013. "Scarring Effects: Demographics of the Long-Term Unemployed and the Danger of Ignoring the Jobs Deficit." NELP Briefing Paper. Washington, DC: National Employment Law Project. http://nelp.3cdn.net/4821 589f87f 6c502e1_nem6b0xjt.pdf.

Executive Office of the President. 2014. "Addressing the Negative Cycle of Long-Term Unemployment." Washington, DC: White House. https://obamawhitehouse.archives.gov/sites/default/files/docs/wh_report_addressing_the_negative_cycle_of_long-term_unemployment_1-31-14_-_final3.pdf

Faberman, Jason, Andreas Mueller, Aysegul Sahin, Rachel Schuh, and Giorgio Topa. April 5, 2017. "How Do People Find Jobs?" Federal Reserve Bank of New York. Liberty Street blog.

Farber, Henry. 2008. "Employment Insecurity: The Decline in Worker-Firm Attachment in the United States." Center for Economics Policy Studies (CEPS) Working Paper No. 172, Princeton University, Princeton, NJ.

Farber, Henry, Dan Silverman, and Till von Wachter. 2017. "Factors Determining Callback to Job Applications by the Unemployed: An Audit Study." *RSF: Journal of the Social Sciences* 3 (3): 168–201.

Finlay, William, and James Coverdill. 2002. *Headhunters: Matchmaking in the Labor Market*. Ithaca, NY: Cornell University Press.

Foucault, Michel. 2004. *The Birth of Biopolitics*. New York: Palgrave Macmillan.

Forret, Monica, and Thomas Dougherty. 2001. "Correlates of Networking Behavior for Managerial and Professional Employees." *Group and Organization Management* 26 (3): 283.

Freire, Paulo. 2000. *Pedagogy of the Oppressed.* New York: Continuum.

Ghayad, Rand. 2013. "The Jobless Trap." Working paper. Center for Labor Markets, Northeastern University, Boston, MA.

Gershon, Ilana 2017. *Down and Out in the New Economy: How People Find (or Don't Find) Work Today*. Chicago: University of Chicago Press.

Goffman, Ervin. 1963. *Stigma: Notes on the Management of Spoiled Identity*. New York: Simon and Schuster.

Goffman, Ervin. 1959. *The Presentation of Self in Everyday Life.* New York: Doubleday Anchor Book.

Granovetter, Mark. 1974. *Getting a Job: A Study of Contacts and Careers*. Cambridge MA: Harvard University Press.

Granovetter, Mark. 1973. "The Strength of Weak Ties." *American Journal of Sociology* 78 (1): 1360.

Harrington, Brad, Fred Van Deusen, Jennifer Sabatini Fraone, and Iyar Mazar. 2015. "The New Dad: A Portrait of Today's Father." Boston College Center for Work & Family. https://www.bc.edu/content/dam/files/centers/cwf/research/publications/researchreports/The%20New%20Dad%202015_A%20Portrait%20of%20Todays%20Fathers

Higgins, Monica, and Kathy Kram. 2001. "Reconceptualizing Mentoring at Work: A Developmental Network Perspective." *Academyof Management Review* 26 (2): 264–288.

Hing, Leane Son. 2013."Stigmatization, Neoliberalism, and Resilience." In *Social Resilience in the Neoliberal Era.* Edited by Peter Hall and Michele Lamont. New York: CambridgeUniversity Press.

Hochschild, Arlie. 2012. *The Managed Heart: Commercialization of Human Feeling*, 3rd ed. Berkeley: University of California Press.

Hoffman, Saul, and Greg J. Duncan. 1995. "The Effect of Incomes, Wages, and AFDC Benefits on Marital Disruption." *Journal of Human Resources* 30 (1): 19–4_.

Huo, Paul, Heh Jason Huang, and Nancy Napier. 2002. "Divergence or Convergence: A Cross-National Comparison of Personnel Selection Practices." *Human Resource Management* 41 (1): 31–44.

Illouz, Eva. 2007. *Cold Intimacies: The Making of Emotional Capitalism.* Cambridge: Polity Press.

Inanc, Hande. 2018. "Unemployment, Temporary Work, and Subjective Well-Being: The Gendered Effect of Spousal Labor Market Insecurity." *American Sociological Review*, 83 (3): 536–566.

Irwin, Neil. 2016. "The Real Jobless Rate Is 42 Percent?" *New York Times*, February 10, 2016.

Johnson, Richard, and Peter Gosselin. 2018. "How Secure Is Employment at Older

Ages?" Washington, DC: Urban Institute.

Kalleberg, Arne. *2018. Precarious Lives: Job Insecurity and Well-Being in Rich Democracies*. Cambridge: Polity Press.

Kanfer, Ruth, Connie Wanberg, and Tracy Kantrowitz. 2001. "Job Search and Employment: A Personality–motivational Analysis and Meta-analytic Review." *Journal of Applied Psychology* 86 (5): 837–855.

Karen, Ronald, and Kim Sherman. 2012. "Layoffs and Unemployment Discrimination: A New Stigma." *Journal of Managerial Psychology*. 27 (8): 848–863.

Kaufman, Harold G. 1982. *Professionals in Search of Work: Coping with the Stress of Job Loss and Underemployment*. New York: John Wiley.

Kelly, Erin, and Phyllis Moen. 2020. *Overload: How Good Jobs Went Bad and What We Can Do about It*. Princeton, NJ: Princeton University Press.

Killewald, Alexandra. 2016. "Money, Work, and Marital Stability: Assessing Change in the Gendered Determinants of Divorce." *American Sociological Review* 81 (4): 696–719. Kluegel, James R., and Eliot R. Smith. 1986. *Beliefs about Inequality: Americans' Views of What Is and What Ought to Be*, 2nd ed. Piscataway, NJ: Aldine Transaction.

Komarovsky, Mirra. 1940. *The unemployed man and his family*. New York, NY: Octagon Books.

Kroft, Kory, Fabian Lange, and Mathhew Notowidigdo. 2013. "Duration Dependence and Labor Market Conditions: Evidence from a Field Experiment." *Quarterly Journal of Economics* 128 (3): 1123–1167.

Krueger, Alan, Judd Cramer, and David Cho. 2014. *Are the Long-Term Unemployed on the Margins of the Market?* Brookings Institute. Accessed December 14, 2020. https://www. brookings.edu/bpea-articles/are-the-long-term-unemployed-on-the-margins-of-the- labor-market/.

Krugman, Paul. 2007. *The Conscience of a Liberal*. New York: Norton.

Ladders 2012. "Keeping an Eye on Recruiter Behavior." http://cdn.theladders.net/static/images/basicSite/pdfs/TheLadders-EyeTracking-StudyC2.pdf.

Lahey, Joanna. 2005. "Do Older Workers Face Discrimination?" Boston College Center for Retirement Research. https://crr.bc.edu/wp-content/uploads/2005/07/ib_5-33_5 08x.pdf.

Lamont, Michele. 2009. "Responses to Racism, Health, and Social Inclusion as a Dimension of Successful Societies." In *Successful Societies: How Institutions and Culture Affect Health*. Edited by Peter Hall and Michele Lamont. New York: Cambridge University Press.

Lamont, Michele. 2019. "From 'Having' to 'Being:' Self-worth and the Current Crisis of American Society." *British Journal of Sociology* 70 (3): 660–707.

Lamont, Michele, Graziella Moraes Silva, Jessica Welburn, Joshua Guetzkow, Nissim Mizrachi, Hanna Herzog, and Elisa Reis. 2019. *Getting Respect: Responding to Stigma and Discrimination in the United States, Brazil & Israel*. Princeton, NJ: Princeton University Press.

Lane, Carrie. 2011. *A Company of One: Insecurity, Independence, and the New World of White-Collar Unemployment*. Ithaca, NY: Cornell University Press

Leana, Carrie, and Daniel Feldman. 1991. "Gender Differences in Responses to Unemployment." *Journal of Vocational Behavior* 38 (1): 65–77.

Letkemann, Paul. 2002. "Unemployed Professionals, Stigma Management and Derivative Stigmata." *Work, Employment and Society* 16 (3): 511–522.

Lewis, Michael. 1978. *The Culture of Inequality*. Amherst: University of Massachusetts Press.

Link, Bruce, and Jo C. Phelan. 2001. "Conceptualizing Stigma." *Annual Review of Sociology* 27 (1): 363–385.

Lopez, Steven, and Lora Phillips. 2019. "Unemployed: White-Collar Job Searching after the Great Recession." *Work and Occupations*: 46 (4): 470–510.

Marlowe, Cynthia, Sandra Schneider, and Carnot Nelson. 1996. "Gender and Attractiveness Biases in Hiring Decisions: Are More Experienced Managers Less Biased?" *Journal of Applied Psychology* 81 (1): 11–21.

McDonald, Steven, Amanda Damarin, Hannah McQueen, and Scott Grether. 2021. "The Hunt for Red Flags: Cybervetting as Morally Performative Practice." *Socio-Economic Review*. https://doi.org/10.1093/ser/mwab002.

McDonald, Steven, Amanda Damarin, Jenelle Lawhorne, and Annika Wilcox. 2019. "Black Holes and Purple Squirrels: A Tale of Two Online Labor Markets." *Research in the Sociology of Work* 33: 93–120.

McDonald, Steven, Feinian Chen, and Christine A. Mair. 2015. "Cross-National Patterns of Social Capital Accumulation: Network Resources, Gender, and Aging in the United States, China, and Taiwan." *American Behavioral Scientist* 59 (8): 914–930.

Mcguire, Gail. 2007. "Intimate Work: A Typology of the Social Support That Workers Provide to Their Network Members." *Work and Occupations* 34 (2): 125–147. doi: 10.1177/0730888406297313.

Mcguire, Gail, and William Bielby. 2016. "The Variable Effects of Tie Strength and Social Resources: How Type of Support Matters." *Work and Occupations* 43 (1): 38–74.

McKee-Ryan, Frances, Zhaoli Song, Connie R. Wanberg, and Angelo J. Kinicki. 2005. "Psychological and Physical Well-being during Unemployment: A Meta-analytic Study." *Journal of Applied Psychology* 90 (1): 53–76.

Mishel, Lawrence, Jared Bernstein, and Sylvia Allegretto. 2007. *The State of Working America 2006/2007*. Ithaca, NY: Cornell University Press.

Mitchell, Josh. 2013. "Who Are the Long-Term Unemployed?" Urban Institute. https://www.urban.org/sites/default/files/publication/23911/412885-Who-Are-the-Long-Term-Unemployed-.PDF.

Monge-Naranjo, Alexander, and Faisal Sohail. 2105. "The Composition of Long-Term Unemployment Is Changing toward Older Workers." *Regional Economist*. Federal Reserve Bank of St. Louis.

Neumark, David, Ian Burn, and Patrick Button. 2017. "Age Discrimination and Hiring of Older Workers." Federal Reserve Bank of San Francisco. https://www.frbsf.org/economic-research/publications/economic-letter/2017/february/age-discrimination-and-hiring-older-workers/.

Newman, Katherine. 1999. *Falling from Grace: Downward Mobility in the Age of Affluence*. Berkeley: University of California Press.

Norris, Dawn. 2016. *Job Loss, Identity and Mental Health*. New Brunswick, NJ: Rutgers University Press.

Oesch, Daniel. 2019. "Discrimination in the Hiring of Older Jobseekers: Evidence from Two Survey Experiments in Switzerland." Lives Working Paper 81: http://dx.doi.org/ 10.12682/lives.2296-1658.2019.81.

Osterman, Paul. 1999. *Securing Prosperity: The American Labor Market, How It Has Changed and What We Can Do about It*. Princeton, NJ: Princeton University Press.

Paul, Karsten, and Klaus Moser. 2009. Unemployment Impairs Mental Health: Meta-Analyses. *Journal of Vocational Behavior* 74: 264–282.

Pedulla, David. 2020. *Making the Cut: Hiring Decisions, Bias, and the Consequence of Nonstandard, Mismatched, and Precarious Employment*. Princeton, NJ: Princeton University Press.

Peterson, Christopher, Stanley Schwartz, and Martin Seligman. 1981. "Self-Blame and Depressive Symptoms." *Journal of Personality and Social Psychology* 41 (2): 253–259.

Pew Research Center. 2021. "Long-Term Unemployment Has Risen Sharply in the U. S. amid the Pandemic Especially among Asian Americans." https://www.pewresearch.org/fact-tank/2021/03/11/long-term-unemployment-has-risen-sharply-in-u-s-amid-the-pandemic-especially-among-asian-americans/.

Pultz, Sabina, and Ofer Sharone. 2020."The Intimate Danceof Networking: AComparative Study of the Emotional Labor of Young American and Danish Jobseekers." *Research in the Sociology of Work* 34: 33–58.

Pugh, Allison. 2015. *The Tumbleweed Society: Working and Caring in an Age of Insecurity*. New York: Oxford University Press.

Rao, Aliya. 2020. *Crunch Time: How Married Couples Confront Unemployment*. Oakland: University of California Press.

Rantakeisu, Ulla, Bengt Starrin, and Curt Hagquist. 1999. "Financial Hardship and Shame: A Tentative Model to Understand the Social and Health Effects of Unemployment." *British Journal of Social Work* 29 (6): 877–901.

Reich, Robert. 2007. *Supercapitalism: The Transformation of Business, Democracy, and Everyday Life*. New York: Knopf.

Rivera, Lauren. 2015. *Pedigree: How Elite Students Get Elite Jobs*. Princeton NJ: Princeton University Press.

Roscigno, Vincent, Sherry Mong, Reginald Byron, and Griff Tester. 2007. "Age Discrimination, Social Closure and Employment." *Social Forces* 86: 31–334.

Roscigno, Vincent, Laura Lassus, and Steven Lopez. 2015. "Aging Workers and the Experience of Job Loss." *Research in Social Stratification and Mobility*. DOI:10.1016/j.rssm.2015.01.001.

Ruffle, Bradley, and Ze'ev Shtudiner. 2013. "Are Good-Looking People More Employable?" SSRN. http://ssrn.com/abstract=1705244.

Sandel, Michael. 2020. *The Tyranny of Merit: Can We Find the Common Good?* New York: Farrar, Straus and Giroux.

Sapolsky, Robert. 1994. *Why Zebras Don't Get Ulcers*. New York: W. H. Freeman.

Schalet, Amy. 2011. *Not under My Roof: Parents, Teens, and the Culture of Sex*. Chicago: University of Chicago Press.

Scheff, Thomas. 2000. "Shame and the Social Bond: A Sociological Theory." *Sociological Theory* 18 (1): 84–99.

Scheff, Thomas. 2003 ."Shame in Self and Society." *Symbolic Interaction* 26 (2): 239–262.

Scheff, Thomas. 2011. "Social-emotional origins of violence: A theory of multiple killing."*Agression and Violent Behavior* 16: 453-460.

Schlozman, Kay Lehman, and Sidney Verba. 1979. *Injury to Insult: Unemployment, Class and Political Response*. Cambridge, MA: Harvard University Press.

Schröder, Martin. 2013. *Integrating Varieties of Capitalism and Welfare State Research: A Unified Typology of Capitalisms.* Basingstoke: Palgrave Macmillan.

Schwartz Center for Economic Policy Analysis. 2018. "38% of 1.1 Million Jobless Older Workers Left Out of Unemployment Rates Are Poor." https://www.economicpolicyresearch.org/jobs-report/june-2018-unemployment-report-for-workers-over-55.

Sennet, Richard. 1998. *Corrosion of Character: The Personal Consequences of Work in the New Capitalism.* New York: Norton.

Sennet, Richard, and Jonathan Cobb. 1972. *The Hidden Injuries of Class*. New York: Norton.

Sharone, Ofer, Rand Ghayad, Gocke Basbug, Alexandra Vasquez, and Michelle Rosin. 2015. "Supporting Experienced Long-Term Unemployed Professionals." In *Transforming U.S. Workforce Development Policies for the 21st Century*. Edited by CarlVan Horn, Todd Green, and Tammy Edward. Washington, DC: Federal Reserve.

Sharone, Ofer and Vasquez, Alexandra. 2017. "Sociology as a Strategy of Support for Long-Term Unemployed Workers." *The American Sociologist* 48: 246–265.

Sharone, Ofer. 2013. *Flawed System/Flawed Self: Job Searching and Unemployment Experiences*. Chicago: University of Chicago Press.

Sharone, Ofer. 2017. "LinkedIn or LinkedOut? How Social Networking Sites Are Reshaping the Labor Market." *Research in the Sociology of Work* 30:1–31.

Sharone, Ofer. 2014. "Social Capital Activation and Job Searching: Embedding the Use of Weak Ties in the American Institutional Context." *Work and Occupations* 41 (4): 409–439.

Sharone, Ofer. 2004. "Engineering Overwork: Bell-Curve Management at a High-Tech Firm." In *Fighting for Time: Shifting Boundaries of Work and Social Life*. Edited by Cynthia Fuchs Epstein and Arne L. Kalleberg. New York: Russell Sage Foundation.

Sharone, Ofer. 2021. "Networking When Unemployed: Why Long Term Unemployment Will Likely Persist Long After the Covid-19 Pandemic Recedes." *American Behavioral Scientist*. https://doi.org/10.1177/00027642211066032.

Sharone, Ofer. 2007. "Constructing Unemployed Job Seekers as Professional Workers: The Depoliticizing Work-Game of Job Searching." *Qualitative Sociology* 30 (4): 403–416.

Sheehan, Patrick. 2022. "The Paradox of Self-Help Expertise: How Unemployed Workers Become Professional Career Coaches." *American Journal of Sociology* 127 (4): 1151–1182.

Small, Mario Luis. 2009. "'How Many Cases Do I Need?': On Science and the Logic of Case Selection in Field-Based Research." *Ethnography* 10 (1): 5–38.

Smith, Vicki. 2001. *Crossing the Great Divide: Worker Risk and Opportunity in the New Economy*. Ithaca, NY: Cornell University Press.

Stern, Andy. 2016. *Raising the Floor: How a Universal Basic Income Can Renew Our Economy and Rebuild the American Dream*. New York: Public Affairs.

Stettner, Andrew, and Jeffrey Wenger. 2003. "The Broad Reach of Long-Term Un-employment." Economic Policy Institute Issue Brief 194 (May 15). http: // www .epi. org / publication / issuebriefs_ib194 / .

Strully, Kate. 2009. "Job Loss and Health in the U.S. Labor Market." *Demography*46 (2): 221–246.

Sullivan, Daniel,and Tillvon Wachter. 2009."Job Displacementand Mortality: An Analysis Using Administrative Data." *Quarterly Journal of Economics* 124 (3): 1265–1306.

Trost, Jan. 1986. "Statistically Nonrepresentative Stratified Sampling: A Sampling Technique for Qualitative Studies." *Qualitative Sociology* 9 (1): 54–57.

Tyler, Imogen, and Tom Slater. 2018. "Rethinking the Sociology of Stigma." *Sociological Review Monographs*. 66 (4): 721–743.

Uchitelle, Louis. 2006. *The Disposable American: Layoffs and Their Consequences*. New York: Knopf.

Van Horn, Carl. 2013. *Working Scared (or Not at All): The Lost Decade, Great Recession, and Restoring the Shattered American Dream*. Lanham, MD: Rowman and Littlefield.

Van Hoye, Greet, Edwin A. J. van Hooft, and Filip Lievens. 2009. "Networking as a Job Search Behaviour: A Social Network Perspective." *Journal of Occupational and Organizational Psychology* 82 (3): 661–682. doi:10.1348/096317908X360675.

Van Parijs, Philippe, and Vanderborght, Yannick. 2017. *Basic Income: Radical Proposal for a Free Society and a Sane Economy*. Cambridge, MA: Harvard University Press.

Vallas, Steven, and Emily Commins. 2015. "Personal Branding and Identity Norms in the Popular Business Press: Enterprise Culture in an Age of Precarity." *Organization Studies* 36 (3): 293–319.

Wacquant, Loic. 2008. *Urban Outcasts: A Comparative Sociology of Advanced Marginality*. Cambridge: Polity Press.

Wanberg, Connie, Ruth Kanfer, and Joseph Banas. 2000. "Predictors and Outcomes of Networking Intensity among Unemployed Job Seekers." *Journal of Applied Psychology* 85 (4): 491–503. doi:10.1037/0021-9010.85.4.491.

Weber, Max. 1946. "The Social Psychology of the World Religions." In *From Max Weber: Essays in Sociology*. Edited by H. H. Gerth and C. Wright Mills. Oxford: Oxford University Press.

Weil, David. 2014. *The Fissured Workplace*. Cambridge, MA: Harvard University Press.

Wolff, Hans-Georg, and Klaus Moser. 2009. "Effects of Networking on Career Success: A Longitudinal Study." *Journal of Applied Psychology* 94 (1): 196–206. doi:10.1037/a0013350.

Zelizer, Viviana. 2005. *The Purchase of Intimacy*. Princeton, NJ: Princeton University Press.

Zhang, Ting. 2011. "Workforce Investment Act Training for Older Workers: Toward a Better Understanding of Older Worker Needs during the Economic Recovery." US

Department of Labor/Employment and Training Administration, Research & Publication, No. EATAOP 2011-10.

Zukin, Cliff, Carl Van Horn, and Charley Stone. 2011. "Out of Work and Losing Hope: The Misery of Bleak Expectations of American Workers." John J. Heldrich Center for Workforce Development, Rutgers University. https://www.heldrich.rutgers.edu/work/ out-work-and-losing-hope-misery-and-bleak-expectations-american-workers